献给所有已经长大成人

但幼时内心伤害犹存的兄弟姐妹们

如何说 孩子才能和平相处

·全新修订版·

〔美〕阿黛尔·法伯（Adele Faber） 伊莱恩·玛兹丽施（Elaine Mazlish）著
〔美〕肯伯利·安·蔻（Kimberly Ann Coe）插图 王欧娅 译

Siblings without Rivalry:
How to Help Your Children Live Together
So You Can Live Too

重庆出版集团 重庆出版社

阿黛尔·法伯　　伊莱恩·玛兹丽施

Adele Faber　　Elaine Mazlish

作者简介

阿黛尔·法伯 (Adele Faber) 和伊莱恩·玛兹丽施(Elaine Mazlish)是国际著名亲子沟通专家,她们的著作不仅深受家长的欢迎,而且也得到专业权威人士的认可。

两位作者的第一本书《解放父母 解放孩子》(*Liberated Parents Liberated Children*)曾荣获"克里斯多佛"奖,第二本书《如何说孩子才会听 怎么听孩子才肯说》(*How to Talk So Kids Will Listen & Listen So Kids Will Talk*)销售量超过 300 万本,被翻译成 30 多种语言。关于这本书的讲座教材和录像带被全球 20 多万个亲子团体所使用。

随后她们又出版了一系列亲子教育图书,其中《如何说 孩子才肯学》(*How To Talk So Kids Can Learn At Home and In

School)被美国《儿童》杂志评为“家庭教育年度最佳图书”;《如何说 孩子才能和平相处》(*Siblings Without Rivalry*)荣登《纽约时报书评》畅销书排行榜第一名;她们针对青春期孩子家长所著的《如何说少年才会听 怎么听少年才肯说》(*How to talk so teens will listen & listen so teens will talk*),也受到广大少年家长的热烈追捧。

自从《如何说孩子才会听 怎么听孩子才肯说》出版以来,两位作者在美国和加拿大各地为父母、老师和职业心理医师进行幽默、鼓舞人心的演讲和培训。她们持续开展的工作被拍成系列片在电视台 CBS 节目中播放。她们还经常出现在《早安美国》(*Good Morning America*)和《欧普拉》(*Oprah*)等热门电视节目里。

两位作者都曾师从于已故著名儿童心理学家海姆·吉诺特 (Haim Ginott) 博士,她们是纽约市社会研究新校(New School of Social Research) 和长岛大学家庭生活协会(Family Life Institute of Long Island University)的创建者。

阿黛尔·法伯,本科毕业于美国皇后学院戏剧专业,获学士学位,又在纽约大学获教育学硕士学位。她曾在纽约市的高中任教8年。

伊莱恩·玛兹丽施,本科毕业于纽约大学,获舞台美术的学士学位,毕业后创建并指导了格罗斯维诺尔和雷诺克斯·希尔社区活动中心的儿童节目。她同时也是一位专业的画家和作曲家。

两位作者都是三个孩子的母亲,她们已被收录于美国名人录。

看哪，兄弟姐妹和睦相处
是何等的善，何等的美！

选自《圣经·诗篇》

目录

目录

目录

目 录

目录

致　谢

感谢我们的丈夫——他们对本项目一如既往的支持与鼓励，他们是我们每日的力量源泉，尤其在项目进展缓慢之时。

感谢我们的每一个儿孙——这些年轻的孩子们为我们这本书提供了方方面面的原始素材，而作为正值青春的成人，他们也为我们提供了富有价值的建议，使我们得以了解与自己所想不同的做法与观点。

感谢我们各小组当中的诸位父母——他们乐于将自己的心声说给我们听，并勇于在他们的子女身上尝试这种"新方法"。他们的经验与见解使我们书中的篇章更加丰富生动。

感谢所有将自己过去与现在对兄弟姐妹的感受和看法通过录音形式与我们分享的人们。

感谢肯伯利·安·蔻(Kimberly Ann Coe)——我们的美术师，她对我们构思理念的理解精准而又到位，并塑造出一系列可爱讨人喜欢的父母子女形象，并以生动的卡通漫画形式将各种概念进行灵动的表现。

感谢琳达·希利(Linda Healey)——她就是作家们心目中最最理想的完美编辑，对于作者的理念与风格，她始终给予强有力的支持，并在追求卓越的过程中温文尔雅、坚持不懈。

感谢罗伯特·马克尔(Robert Markel)——他曾是我们的编辑，现在担任我们的著作代理人，感谢他在我们的职业生涯中始终给予我们永恒的支持。对他的高超品位与犀利判断力，我们深信不疑。

最后，我们还要向已故的海姆·吉诺特博士(Dr.Haim Ginott)致以谢意——正是他激发了我们最初的灵感，使我们明悉，子女争端的熊熊火焰亦可以减小为细弱、安全的一抹火花。

本书诞生记

在撰写《如何说孩子才会听 怎么听孩子才肯说》这本书的时候，我们遇到了麻烦。关于子女争执的章节篇幅好像失去了控制，有点儿刹不住车。那时候，我们就此话题才开展到一半的地步，但是长度已经超过了100页。我们拼命地想把篇幅压缩得简短一些、紧凑一些、精细一些——竭尽全力让这一部分能够与整本书的结构比例相匹配。但是，我们删减的内容越多，我们的心情也就越郁闷。

渐渐地，我们把道理弄明白了。为了能够给予手足争宠这一课题足够公平的待遇，我们不得不就这一专题进行专门的著述。当作出这个决定之后，一切也就明朗化了。我们需要在《如何说……》系列图书当中就处理孩子争端这一话题提供足够的内容，让父母们在面对最最棘手的问题时都能够轻松解决。在我们的“孩子相处图书”当中，我们可以就此展开——讲述一下自己当初在面对打斗不休的孩子们时遇到的种种挫折；描述我们从已故的儿童心理学家海姆·吉诺特博士那里学到的极富启发性的道理，过去，我们也曾是他旗下父母小组中的一员；将自己从家庭、阅读以及相互之间的不断探讨中所领悟到的见解与他人共同分享；将我们创办并且一直坚持举办的子女争宠研讨班中参与父母所经历的各种故事呈现在读者眼前。

此外，通过在全国各地的巡回演讲这个独特的机会，我们了解到各地的家长们对于争宠问题的感受与看法。很快就发现，我们手头这个话题真是炙手可热。无论我们走到哪里，一旦提到“子女争宠”这样的字眼，紧随而来的就是父母们强烈的反应。

“他们打个不停，闹得我简直想撞墙。”

“我根本不知道是怎么开的头。反正要不他们互相弄死对方，要么就是我把他们掐死。”

“单独面对每个孩子的时候，我和他们处得相当好，但要是他们俩凑到一块儿，我简直一个小崽子也忍受不了。”

显然，这样的问题随处可见，且置身其中的人都感触颇多。就孩子们之间相处的问题，我们与父母们谈得越多，也就越体会到他们家庭中因为此类事件带来的紧张与压力有多么严重。两个孩子，会对父母的爱和关注进行竞争。此外，一个孩子还会对另一个孩子所取得的成绩而眼红嫉妒；每个孩子也都会因为兄弟姐妹享有的优先特权而忿忿不平，恨意横生；遇到挫折，他们不会找其他人抱怨，却只会对自己的兄弟姐妹大肆发泄。这也就不难理解，为什么在各地的许多家庭中，子女关系饱含的情感激烈因素会日复一日地爆发，成为让人苦不堪言的大事件。

我们想知道，“关于子女争宠，有什么益处吗？当然，对父母来说，肯定不是件好事。那是不是有些东西可以有益于孩子呢？”

我们读到的所有内容都证明了——兄弟姐妹之间的争端实际上自有其目的所在。比如，他们希望通过斗争，确立自己高高在上可以支配对方的地位，而这样一来，这些孩子们就会变得更加强硬粗暴，更加叛逆不驯。通过每日不断地大打出手，他们提高了速度、练就了敏捷轻快的身手。通过唇枪舌战，他们知道了机智与伤害之间的差异。通过一起生活当中正常的激怒行为，他们学会了如何维护自己、保卫自己以及妥协让步。甚至有时候，因为对其他兄弟姐妹的特殊能力的嫉妒，他们还会受到激励，工作学习更加卖力刻苦，坚持不懈，并有所收获。

这算是子女争宠的最好结果，而最糟的结果——正如家长们迫不及待地告诉我们的那样——会给孩子一方或双方都带来严重的挫败感，甚至还会造成永久性的伤害。我们这本书关注的焦点是预防并修复任何一种伤害，因此，我们认为再次重新审视子女之间持续不断出现竞争局面的原因是非常重要的。

所有这一切，都是从何而起呢？这一领域的专家似乎一致认为，子女之间嫉妒之心的根源在于，每个孩子的内心中都深深渴望能够得到父母独一无二的爱。为什么他们强烈渴求的是父母只在乎他一个且给予他的是唯一的爱？原因在于，父亲和母亲——他们就像是一个神奇的源泉，提供了孩子们生存与成长发展所需要的一切东西——食物、住房、温暖、关爱、认可感、价值感与特殊性。正是父母如和煦阳光般的关爱与鼓励使一个孩子能够在竞争中成长起来，并慢慢地掌控自己所处的环境。

为什么其他兄弟姐妹的出现会给孩子的生活蒙上一层阴影呢？因为他们对保证他享受幸福快乐的方方面面都造成了威胁。家庭中只不过多出一个或几个孩子，但对于每个孩子来说，就意味着他们个人拥有的东西被迫减少了。他们与父母独处的时间少了，受到伤害或是失望沮丧的时候得到的关注少了，取得成就时获得的赞许少了。而最可怕的是，他们会产生这样的想法："如果爸爸妈妈把所有的爱、关心和热情都给了我的兄弟或姐妹，可能就意味着他们比我更棒。如果他们比我棒，那么肯定就意味着我不怎么样。如果我不怎么样的话，那我就遇到大麻烦了。"

怪不得孩子们总是为了争第一或是争最优而打得不可开交。怪不得他们使尽浑身解数就为拥有更多或最多。要是能把一切的一切全都据为己有才是最好不过呢。妈妈只属于我一个人，爸爸也只属于我一个人，所有玩具都是我的，所有吃的都是我的,所有地方都是我的,这样才有安全感,才有保障。

家长们处理这个问题的困难程度简直难以想象!他们不得不找到法子,让每个孩子都确信他/她是安全的、特别的、是爸爸妈妈心爱的。他们需要帮助这些年纪小小的敌手们发现与人分享和共同合作所带来的回报;并且他们还必须采用某种方法奠定好基础,让这些时刻准备战斗的小家伙们终有一天能够将敌对的兄弟姐妹视作快乐和支持的源泉。

家长们是如何对付这项沉重的任务的呢?为了找出答案,我们设计了一个简单的问卷调查表。

你是否曾与孩子们一起做过某些有助于改善他们之间关系的事情?

你是否曾与孩子们一起做过某些令他们之间关系更趋恶化的事情?

你是否记得父母曾经做过滋长你和兄弟姐妹之间产生敌意的事情?

你是否记得父母曾经做过消除你和兄弟姐妹之间产生敌意的事情?

我们还提出一系列问题,了解他们在少年时期与自己的兄弟姐妹的相处情况、现在的相处之道,以及他们希望从书中读到哪些关于子女争宠的内容。

与此同时,我们还对一些人进行亲自采访。我们把自己与这些出身背景极其多元的男士、女士及孩童的对话进行录音,时长达到数百个小时,且采访对象的年龄跨度从 3 岁到 88 岁。

最后,我们把手中所有的新旧素材进行汇总,继而分出若干个小组,每组人员就子女争宠问题各自单独举办 8 次讲习班。在

这些小组当中，有些家长从一开始就热情高涨，跃跃欲试，有一些则心存疑虑（“嗯，行，但你可不知道我们家那几个孩子什么德性！”），还有一些人已到了一筹莫展束手无策的境地，病急乱投医，什么方法都准备尝试一下。他们所有人都以积极的态度参与到我们的活动当中——在课堂中记笔记、提问题、进行角色扮演，并且把他们在自己的家庭“实验室”中进行试验的成果带回来相互分享。

审视所有这些讲习班的经历以及我们多年来开展的工作，在落笔此书之前，我们坚定地认为，家长——其实可以使情况有所改变的。

我们可以让孩子们之间的竞争升级恶化，也可以让它们减少消除。我们可以让暗流涌动的敌对情绪累积爆发，也可以让它们通过安全的方式表达发泄出来。我们可以让斗争加剧，也可以让合作变成可能。

我们的态度和言语有很强的力量。当子女间的战斗打响，我们不要再感到灰心沮丧、疯癫抓狂或是无奈无助。有了新技巧和新理念的武装，我们就可以化干戈为玉帛。

一点说明

为了叙述简便起见，特将我们二人的角色合并，化身为一人，我们的6个子女也简化成为两个男孩子，我们组织并各自开展活动的多个小组汇总为一组人马。尽管我们对现实情况进行了如此之多的重新梳理安排，但除此之外，本书当中的其他所有内容——想法、感受、体验——全部如实陈述。

阿黛尔·法伯

伊莱恩·玛兹丽施

—— 第 1 章 ——

兄弟和姐妹——过去与现在

Brothers and Sisters

——Past and Present

心底里，我总是暗自认为，子女争宠这档子事儿只会发生在其他人家的孩子当中。

在我脑海中的某一个地方，我一直自以为是地认为，我绝不会像其他家长那样去做些显然会让孩子们互生嫉妒的事情，这样就足以搞定孩子们之间的嫉妒问题。我绝对不会拿孩子作比较，绝对能做到不偏不向，绝对不会厚此薄彼。如果两个儿子知道他们享受的是同样的爱，他们可能会时不时地拌个嘴斗个气，有什么值得大吵大闹的呢？

然而，甭管什么原因，他们总能为斗争找到理由。

从早上睁开眼到晚上钻被窝睡觉，他们好像只是为了一个目的而存在——那就是为了让对方不痛快。

这情况简直把我难住了。对于他们之间那剧烈、野蛮、永无止息的斗争，我毫无办法。

是他们俩有什么问题？

还是我有什么问题？

直到我把自己的担忧与吉诺特博士家长辅导班中的其他成员分享时，我才开始放松。发现有如此之多的人和我有同样的遭遇，对我来说简直是不亦快哉。每天的生活中都会出现谩骂闲扯、拳打脚踢、掐胳膊拧腿、惊声尖叫和一把鼻涕一把泪的，并不是只有我一个。每天在心情沉重、神经烦乱、感觉一切都不如意的情绪中四处奔波的，也并非只有我一人。

你可能会想，我们每个人也都扮演着兄弟姐妹的角色，也都是从年少时期摸爬滚打过来的，我们每个人都应该知道会出现些什么样的情况。尽管如此，小组当中的大部分家长在面对子女之间的敌对行为时，还是如我一般毫无准备。即便是多年以后的今日，我就座于此，举办我的第一期关于子女争宠问题研讨会时，我才意识到，情况几乎毫无改变。参会的人们迫不及待地想要述说，他们在面对自己的美好期待与残酷现实之间的悬殊差异时的沮丧绝望之情。

“我又生了个孩子，因为我想让克里斯蒂能有个妹妹陪她一起玩儿，做她永远的朋友。现在嘛，她有了妹妹，但是她恨她恨得牙痒痒。她最希望的就是‘把她给塞回去’。”

“我总是希望我的儿子们能够彼此忠诚。哪怕他们在家里打得不可开交，我还是坚信他们在外面会紧紧抱成团儿。当我发现，我的大儿子在汽车站居然和别人合伙欺负他的小弟弟的时候，我简直要昏死过去了。”

“我也是和兄弟们一起长大的，我知道男孩子们总会打打闹闹，不管怎样，我想女孩子们总还能友好相处吧。但我家的三个姑娘可不是这样。最糟糕的是，她们记忆力超强，绝对不会忘掉上礼拜、上个月、去年‘她这么对我来着’。她们从来不会原谅对方。”

“我是独生子女，因此我认为格里高利的降生对于达拉来说是件大好事。我可真是太天真了，居然会认为他们自然而然就能进入友好相处的状态。他们的确处得还行——直到格里高利开始学会走路和说话。我不断地告诉自己：‘随着他们渐渐长大，情况会越来越好的。’如果说确实发生了些变化的话，那就是情况变得更加糟糕了。现在，格里高利 6 岁了，达拉 9 岁。只要格里高利有什么，那么达拉绝对得要过来。达拉有什么，格里高利也一定要抢过来。他们俩之间必须保持半米以上的距离，否则就是一阵乱踢乱打。并且他们俩总是追着问我：‘干嘛你非得要他啊？’‘你为什么非得要她啊？’‘为什么不能只有我一个孩子？’”

“我曾打算通过在孩子们之间保持适当年龄差的做法来避免子女争宠问题。我的嫂子告诉我，应该让他们的年龄尽量靠近，这样他们就会像小狗狗一样一起玩耍。于是我照办了，结果却是他们无时无刻不在打斗。后来我读到一本书，书中说孩子们之间完美的年龄差应该是 3 岁一个梯级，于是我也照办，结果就是老大联合老二一起欺负老三。我又等了四年生了老小，现在他们全都对我哭哭咧咧的。几个小的抱怨老大‘小气又专横’，老大又控诉小的们从来不听他的。简直是没辙了。”

“过去，我从来不明白为什么大家都这么担心子女争宠问题，因为我的子女小的时候，我没遇到任何问题。现在，他们都十几岁了，却开始找补过去的旧时光了。只要他俩凑在一起，不出一分钟，保准火花四溅，血雨腥风。”

在聆听大家的苦恼之时，我在思考这样一个问题：“是什么让他们感到如此惊奇？难道他们忘了自己的童年时代了吗？为什么他们不能回想一下自己当年与兄弟姐妹之间的关系呢？看看我自己，情况又如何呢？在带大自己的孩子的时候，为什么我与兄弟姐妹间的体验没有为我带来多少帮助呢？这可能是因为我在家中年纪最小，哥哥和姐姐跟我年龄相差很大。我还真是从来没有看到过两个男孩子共同成长的局面究竟是何等状况。”

当我把自己的想法与小组成员共同分享时，大家很快表示出了一致的意见，确实，他们的子女，与他们当初一起长大的兄弟姐妹相比，无论在数量、年龄差异、性别还是个性上，都存在着极大的不同。他们还指出，我们的观点看法也与过去不同了。一位父亲不无讽刺地评论：“孩子们要做的一件事情就是打来打去，而家长们要做的就是处理他们之间的打斗。”

尽管我们还在冷静地评价着我们过去与现在家庭之间的差异，但一些尘封已久而又强有力的回忆也开始浮现眼前。每个人都有自己的一段故事要说，渐渐地，房间内充斥着昔日兄弟姐妹的生活和带着强烈情感的兄弟姐妹关系的话题。

“我还记得大哥取笑我的时候，我有多么生气。爸妈总是一遍又一遍地跟我说：‘如果你不搭理他，他就不会来烦你了。’可我总是对哥哥反击，他就会不断地戏弄我，直到把我弄哭。他还会说：‘带上你的牙刷滚吧，根本没人爱你。’这种话总是很奏效，他一冒出这话我就会哭出来。”

“我哥哥也总爱捉弄我。大概我8岁左右的时候，有一次，他居然想在我骑自行车的时候把我绊倒，我对自己说：‘我受够了，我得制止他这套把戏。’于是我进屋，给接线员拨通了电话（我家在一个比较偏僻的小镇上，那时候还没有直拨电话）。我说：‘请给我转警察局，谢谢。’接线员说：‘嗯，唔……’接着我妈妈进来了，让我把电话挂上。她并没有冲我大吼大叫，但是她说‘我必须得跟你爸爸说说这事儿了’。”

“那天晚上，爸爸下班回到家后，我假装睡着了，他把我叫醒了。他只是说：‘你可不能这样发泄自己的愤怒之情。’我的第一反应就是轻松下来，我不会受到惩罚了。但是后来，我记得我躺在那里，又一次感到愤怒不已。而且，我觉得很无助。”

“甭管我对我哥哥做了什么，家里都不许他欺负我。我可是‘爸爸的小丫头’呢。我做了什么坏事都能逃脱处罚。我确实也做了一些相当惹人讨厌的事儿。我曾经拿滚烫的培根油往他身上丢，我还用一把叉子戳他的胳膊。有时候，他也会压制我一下，试着阻止我这些行为，但只要他一放手，我可就为所欲为了，实实在在地让他吃点苦头。有一天，我父母不在家，他用拳头猛

打我的脸，直到今天，我的眼睛下面还留着那时的伤疤，这儿就是那道疤。从那以后，我再也没动过他一根手指头。”

“我们家不允许打架。有一段时间，甚至不允许我和哥哥互相看不顺眼。很长一段时间里，我们实在是不喜欢对方，但是没辙，你连生气都不行。为什么？没理由。就是不许。就这么回事儿。‘他是你哥哥。你必须爱他。’我会说：‘但是妈妈，他太惹人讨厌了，他自私透了！’”

“唔，这样可不好。你必须得爱他哦。”

“于是我不得不将自己的满腔怒火使劲儿压下去，因为我担心如果这股愤怒喷薄而出，不晓得会发生什么状况。”

随着越来越多的人拿出自己与兄弟姐妹相处的回忆与大家分享，我开始惊叹，每段回忆的细述似乎都将讲述者带回了过去的那段时空，并且再一次唤起了他们那份尘封的伤害与愤怒。而比起早前这些父母所讲述的自己子女之间的状况，他们自己曾亲身经历的这些情景又有什么不同呢？场景设置和人物角色并不一样，但是置身其中人物的感受却是如出一辙。

“或许一代人与一代人之间的差异并没有多大。”一个组员略带遗憾地这样感叹，“也许我们只不过是必须要学会接受这样一个现实——兄弟姐妹之间天生就是敌对的冤家。”

“也不尽然，”一位父亲反驳，“我哥哥和我从一开始关系就非常亲密。当我还小的时候，我妈妈总是吩咐他来照顾我，他一直温厚和蔼地欣然接受——哪怕妈妈坚持要他看着我把奶喝光光才能出去玩。我可不想就这么把奶喝干净，而他也不想就这么干等着，于是他代我把瓶里的奶给喝掉了。接下来，我们就可以一起出去玩儿，然后找他的朋友去了。”

每个人都哈哈大笑。一位女士说：“这让我想起我和我姐姐的故事。我们俩总是勾搭在一起，攻守同盟，尤其是在我们十几岁的那段日子里。只要想捉弄妈妈,我们俩就会联合在一起。如果妈妈训斥或是责骂了我们,我们就会进行绝食抗议——两个人轮流,每次一人。这法子搞得我妈妈简直快要发疯,因为她总是担心我们太过消瘦,要我们喝蛋酒还有奶昔。因此,当我们拒绝进食,对她来说就是最大的惩罚。不过,她不知道,我们其实还是吃了东西的。没有绝食的那个家伙会给当时正在绝食的那个带吃的来。"

她停顿了一下,皱了皱眉,"不过,我的妹妹则完全是另外一种情况了。我始终不喜欢她。她比我小10岁,每天日出日落大家只会围着这个'小宝贝'转悠。对我来说,她只不过是个被宠坏了的小捣蛋鬼。到现在还是这个样子。"

"估计我的姐姐们也是这么评价我的。"另一位女士说,"她们分别比我大8岁和12岁,我觉得她们对我心怀嫉妒,因为我是最得爸爸宠爱的孩子。此外,我还有很多她们所不具备的优势。我出生的时候,家里的经济条件也比较好了,而且我还是家里唯一念了大学的孩子。我的两个姐姐都在19岁的时候就嫁人了。"

"自从父亲过世之后,我和母亲的关系就变得非常密切,直到现在也是这样,母亲跟我的孩子们也很亲。最近,我们谈到想把她的房宅户主变更为我们母女联名,你简直无法相信发生了什么情况。当母亲把我们的计划告诉我的两个姐姐的时候,她们一蹦三尺高,勃然大怒:'我们买房的时候就得按揭……我们为了现在拥有的一切奋斗了多少年啊……她倒是上了大学……她老公也是大学生……他的工作多好啊。'"

"现在,最让我烦恼的是,我的外甥和外甥女们也都对我的孩子们心怀怨恨。他们会说:'姥姥,你怎么把所有时间都花在他们身上啊?你再也不来看我们了!'这种嫉妒的情绪看起来永

无休止,并且已经从一代人传给了下一代人。”

房间里一片叹息声。有人说我们这儿处理的净是“沉重话题”。我觉得有必要在继续推进之前先做一番总结:“我们已经审视了自己的童年时代以及我们的孩子们的童年时代，现在看来,我们能说的就是,我们与兄弟姐妹之间的关系会对我们的早期生活产生有力的影响,制造或好或坏的强烈情绪;同样是这种情绪,会贯穿到我们成年以后与兄弟姐妹之间的关系当中去;最后,这些情绪还可能会传递到下一代人那儿去。

其实还有更多内容可以总结出来，但我不知道它们究竟是什么。我又一次想起自己的哥哥和姐姐,他们把我当成一个惹人讨厌的“跟屁虫”,即使到了现在,我已经算是一个功成名就的大人了,有时候还会感觉自己“跟在他们屁股后面打转转”。我大声问:“我想知道，如果说早期与兄弟姐妹相处的这些经历决定了今天我们的行为、想法或对自己的看法,是不是有点儿扯远了呢？”

几乎没有片刻踌躇，四个人立刻举起了手。我向其中一位父亲颔首致意。

“绝对没错！”他说,“我是扮演当家做主角色的那个人。我认为这是因为我在三兄弟当中排行老大。在弟弟们的眼里,我就是仁慈大君、好好先生。他们总是对我心怀敬仰,我说什么他们都会照办。有时候我也会揍他们一顿,但我更会在社区恶霸欺负他们的时候挺身而出,保护他们。”

“就算到了今天,我还是担任着‘顶头上司’这样的角色。最近,有个很好的机会,我可以把我的公司卖掉,交易条件要求我继续为新的业主打理生意。但我了解自己,我绝对不会这么做,我必须是当老板主事儿的那个人。”

“兄弟五人当中,我年纪最小。毫无疑问,我坚信哥哥们影响了我今日看待自己的方式。他们全都精力充沛干劲儿十足，每个人都在某一领域取得了丰硕成果——无论学术还是体育运动方面，凡是你能想得起来的，他们都在行。对于他们来说，这一切就是自然而然，理所应当。当我还是个小孩子的时候，我就一直不断地想要追上他们。他们玩儿的时候，我就待在楼上钻研功课。他们永远也看不透我，还总管我叫‘收养来的孩子’——当然他们是怀着疼爱的心情说的。”

“时至今日，我依旧不断鞭策自己，片刻不敢停歇。我妻子说我是‘工作狂’。她不明白，我身体中的某一部分还一如往昔，永不停步地拼命追赶着我的诸位哥哥们。”

“很早以前我就放弃追赶我姐姐这档子事儿了。”一位女士说，“她长得漂亮，又天资聪颖，根本没人能与她抗衡。而她自己对此也心知肚明。”

“我记得，大概在我 13 岁的时候，有一次，我们正忙于梳妆打扮，为赶去参加亲戚的一场婚礼。我当时感觉自己看起来非常漂亮，而她对着镜子站在我身旁说道，‘我就是 3G 女孩——秀色可餐(Gorgeous)、魅力迷人(Glamorous)、光芒四射(Glorious)。’然后她看了看我又说道，‘而你是 3S 女孩——甜美可人(Sweet)、单纯质朴(Simple)、真诚正直(Sincere)。’我一直没有忘记她这番言论。直到今天，如果有人夸赞我，我总是会想，‘咳咳，那是你没见到我姐姐’。”

“我也深受我姐姐的影响。”一位女士轻声说，有几个人稍稍欠了欠身，听她讲述。“她总是……令我感到尴尬窘迫。”她犹豫了一下，吸了口气，继续往下说，“自打我记事开始，她就饱受感情问题困扰，并且一直做各种离奇古怪的事情，搞得我总得在朋友面前辩解一番。我父母总关注着她，这让我感觉我必须得做个不让人操心的好孩子，使父母能够指望得上我。尽管我是妹

妹，但我总觉得自己才是年长的那个。”

“时光流转，唯一的变化就是我姐姐的情况日益恶化。每次我看到她——尽管我知道一切并非是她的错——我还是很反感，好像她欺骗了我，剥夺了我原本正常的童年。”

我在倾听，心中充满惊奇。一直以来，我都知道，父母在决定孩子生活的进程当中扮演着相当重要的角色。但直到此刻，我方才头一次意识到，原来兄弟姐妹在对彼此命运的影响当中也发挥着如此强有力的作用。

我的眼前，一边是已经长大成人的男子，有人说自己还必须充当主事人的角色，还有人则仍在鞭策自己不断追赶竞逐；一边是成熟女士，有人仍感觉自己永远够不上标准，还有人则因为必须要做“好孩子”而饱受煎熬。而这一切，主要都是因为他们的兄弟姐妹带来的影响造成的。

就在我忙着努力消化自己的种种新想法的时候，突然注意到小组中的一位男士已经说一阵子了。我强迫自己收回思绪，集中精神聆听他的描述：

“……嗯，也就是说，在我们家，比较不靠谱的那个人其实是我父亲。我母亲是个非常亲切温和的人，特别冷静淡定。但我父亲脾气暴躁，总是管不住自己的行为。有时候他会在离家的时候跟我们说他要出门两天，实际上至少要晃上两个月的时间才回来。所以，我们一家人或多或少地都会抱成一团，保护彼此。年长的孩子会照顾年幼的弟妹，从学校毕业后，只要到了工作要求的年龄，我们就全都开始打工，每个人都把自己的收入交到家里。如果我们一家人没有团结在一起，那么没有人能够撑到现在。”

房间内有人在窃窃私语：“嗯……真感人……幸福的一家人。”最后的这个故事触动了小组成员内心最深处的热望——让自己的孩子也能怀着爱意、支持与忠诚来彼此相待。

一位女士说道："这样的故事真是鼓舞人心！你刚才描述的情景完全是我一直以来心心念念期盼着发生的。不过，听了你的故事，我也挺气馁的。我曾经听说过也有其他的家庭因为父母严重不和而导致孩子们凑在一起相依为命。想到我丈夫可能会为了让孩子们学会以礼相待、宽容互助而不得不把我丢开不管，我真是郁闷啊。"

"在我看来，"一位男士评论，"整个问题其实就像一场关于遗传问题的赌博。如果你够运气，那么你的孩子们就会个性相符，和平共处，大家其乐融融。要是倒霉的话，你可就麻烦了。不过，不管是哪种情况，伙计们，这都不是我们所能控制的。"

"我不接受'我们无法掌控'这样的说法，"另一位女士反驳，"今天，在这里，我们听到了许许多多家长的故事，他们把孩子们之间的关系搞到更糟，其实是他们自身的原因把孩子们弄得分道扬镳。我之所以参加这个小组，是因为我希望有一天我的孩子们能够彼此成为朋友。"

我好像以前曾经在哪里听到过这样的话语？我大声说："你使我想起了10年前的自己。那时候，只有我为这个问题抓狂。我打算亲自研究一下，争取让我家的两个小子成为朋友。结果，我发现自己简直登上了一架情感过山车，情绪上的跌宕起伏随时出现。每次当他俩在一起玩儿得不亦乐乎的时候，我就禁不住洋洋得意。我会认为，'瞧，他们还真是互敬互爱的小哥儿俩！我这个妈妈当得可真棒。'而每次当他们打作一团的时候，我就会陷入绝望之中。'他们俩互相憎恨，彼此仇视，这都是我的错！'我生命中最快乐的一天就是我终于放弃了'好朋友'这个梦想，转而以一个更为实际的目标取而代之的那一天。"

这位女士看起来有点儿困惑的样子。"我不能肯定自己是

不是搞懂了你所说的意思。”她说。

“我不再担忧这两个小子是否能够成为朋友，”我解释，“我开始思考，如何才能让他们有相应的心态和技巧，从而让他们自己感到需要建立起互爱互助的关系。他们需要了解的东西太多了。我不希望他们一辈子都把时间花费在谁对谁错这些纠缠不清的问题上。我希望他们能够把那种想法抛诸脑后，学会如何真正互相倾听，如何尊重彼此之间的不同，如何找到解决此类差异的方法。就算他们因为个性所致无法成为朋友，至少他们能够掌握交朋友和成为别人朋友的能力。”

这位女士看起来颇为吃惊。我能明白这是为什么。我花费了很长一段时间才让自己接受了我刚才轻快自如地替她总结出来的那一段话。

“请大家明白，”我继续说，“总有很多时候，面对孩子令我感觉疲惫不堪，心烦生厌，或是暴怒不已，我没法再使出一丁点儿力气来对付他们。但是，当我能够帮助他们从一场闹翻天的争吵中脱身，转为展开理想的讨论，这时候我感觉自己非常了不起，一切都很美妙——我是一个非常称职的家长。”

“我不知道自己是否能够做到这样，”她说，有点儿紧张。

“我所做的其实没什么神秘的。我所采用的技巧，你们也全都可以加以应用。”我帮她打消疑虑，“而且，从下星期开始，你们也将就此展开实践。”

她虚弱地笑了笑。“我可能都撑不到那时候了呢，”她说，“那么在此期间我要做些什么呢？”

现在我面向全组人说：“我们用这周时间来观察一下，究竟是什么原因挑起了孩子们之间的斗争。别让他们的冲突白白浪费了，把那些让你苦恼忧虑的事件或对话都记录下来。下一堂课，我们一起来分享自己的发现并且由此展开讨论。”

下课后，驱车回到家中，我发现自己的思绪放到了儿子身上，他们现在，已经长大了。而我的脑海中，上周感恩节晚餐之后的那段对话，依旧活灵活现，仿如昨天。

忽然间，我又一次置身于自家的餐厅，一边收拾桌子，一边听着开始清理厨房的两个孩子之间的对话。

最开始，他们互相取笑着，嘻嘻哈哈地干着手头的家务琐事，每个人都声称自己具有与众不同的专长，对那种油腻腻惹人厌的活计避之不及。接下来，随着两人开始对各自就读的大学及专业进行比较，对话渐渐变得严肃起来。他们两个人，一个读科学专业，一个攻读艺术方向。突然间，两人爆发出了激烈的争论，焦点在于艺术家和科学家谁对社会更重要。“瞧瞧巴斯德。”“哼，那你看看毕加索。”他们你一句我一句地争个不停，每个人都力争将对方说服。最后，两人全都搞得疲惫不堪，只得勉强承认艺术家和科学家这二者均有价值。

片刻的安静之后，对话又重回老路。累积的愤怒又开始重翻旧账，他们再一次开始就谁对谁做了什么且原因何在展开争论，每个人都摆出一副成熟的姿态重新据理力争。过了一会儿，情绪又有所变化。昔日搞笑欢乐的温馨气氛再度飘散而出，两个孩子互相击掌，继而哈哈大笑起来。

这一切就好像同时有两股力量作用于他们：一股力量在他们利用彼此间的差异来定义自身的独到之处与独立自我时将他们分开，而另一股力量则将他们推到一起，使他们了解自己那同样独一无二的同胞兄弟。

我在隔壁房间有一搭无一搭地听着他们的对话，惊异于自己是如此的放松自在。我意识到，在他们两人关系的那种转瞬即变的“热度”中，我只投入了极少极少的情感因素。我知道，童年时代那种无法让他们实现亲密无间状态的兴趣爱好及性格气质

方面的差异依旧存在。但是,我也知道,经过这些年月,我已经帮助他们建立起了跨越双方分隔遥远的个性孤岛的连接桥梁。如果他们需要彼此接近,其实他们的实现手段很多很多。

—— 第 2 章 ——

不要等到感觉不好的时候才行动

Not Till the Bad Feelings Come Out

这一次的课程在大家进门脱大衣的时候，以一种非正式的方式开始了。“你知道,孩子打架的时候记小条儿还是挺有用的呢,”一位母亲说,“我只顾忙着记录,根本没工夫跟他们生气。”

“我想我要说的和你一样,”另一位女士说,“一周的时间结束了,我几乎都没怎么琢磨我的大女儿呢。”

这位女士捧起她的笔记本，打开第一页,“你们愿意听听今天早饭时她对自己小妹妹说的一串话吗？”

“我真高兴没坐在你旁边。”

“你臭死了。”

“爸爸更喜欢我,他才没那么爱你呢。”

“你可真丑。”

“你连字母表都不认识。”

“你系鞋带也得妈妈帮忙。”

“我长得比你漂亮。”

已经就座的其他学员发出了一阵认同的叹息声。

“我觉得我儿子够大的了，可他还是会冒出这样幼稚的恶行,”一位父亲嫌恶地说,“他已经十几岁了,还是会用这种方式折腾他弟弟。他骂他的那些话,我简直说不出口。”

“我真不明白是什么让有些孩子变得如此自私卑劣，”另一位女士说,“我 5 岁的大孩子会去揪还是婴儿的小妹妹的头发，用手指头去插她的鼻子、耳朵、眼睛。小丫头眼球还在算是够幸运的了。”

对于他们所说的一切，我完全理解，感同身受。我还记得，当看到我的小儿子后背上那两条长长的抓痕，而3岁的长子站在一旁邪恶地咧嘴狞笑的时候，我自己是多么的困惑狼狈而又怒不可遏。真是气死人的坏孩子！他这么做是要干什么？

为了帮助大家了解自家孩子那种“劣根性”的来源，我把下面的资料分发给小组成员进行练习(亲爱的读者们，你们可能也会发现，哪怕只是草草记下你自己的反应，也是很有帮助的。如果你是男士，那么在练习过程中，请用“丈夫”代替“妻子”，用“他”代替“她”)：

想象一下，你的丈夫伸手揽住你说：“亲爱的，我爱你爱得一塌糊涂，你真是个可人儿，我决定了，我要再找个跟你一样的妻子。”

你的反应：________________________________

____

____

当你丈夫的新妻子终于来到你家，你看到的是，她非常年轻，而且相当漂亮可爱。当你们三人一同外出的时候，人们会礼貌地跟你打招呼，但看到新来的女人则兴奋不已地惊呼：“她也忒漂亮啦，迷死个人呐！嗨，宝贝……你真招人爱！”然后，他们又会转过来问你：“你觉得你家的新太太如何啊？”

你的反应：________________________________

____

____

新来的妻子需要衣服。你丈夫走到你的衣橱前，拿了几件

你的毛衣和裤子给她。你表示抗议,而他却说由于你比过去长了些肉,衣服已经太过紧身了,拿给她穿才合适。

你的反应:____

____

____

新来的妻子迅速地熟络了起来。每一天,她都好像变得更加机灵漂亮,能力也愈发强大。一天下午,你正费劲巴拉手忙脚乱地琢磨你丈夫给你买的新电脑的系统说明,她冲进了房间并且说:"噢,能让我用用吗?我知道怎么弄。"

你的反应:____

____

____

当你告诉她不让她用时,她跑到你丈夫面前哭哭啼啼。过了一会儿,她和你丈夫一起来到你面前,她脸上泪痕犹在,你丈夫搂着她对你说:"让她用用怎么了?你有什么损失吗?为什么你不让别人和你共享?"

你的反应:____

____

____

一天,你发现你丈夫和新妻子两人一起躺在床上。丈夫一个劲儿地咯吱她,她则咯咯傻笑。突然,电话响起,丈夫接起电话。随后,他告诉你有点儿重要的事情发生,他必须马上出门,要你留在家里陪着新妻子,并且确保她一切无恙。

你的反应:____

你是否发现，自己的反应已经谈不上什么爱意可言了？我们小组中的成员毫不迟疑地承认，在他们文雅体面、彬彬有礼的外表下，潜藏着气量狭小、怨恨刁难以及种种关于报复、折磨与毁灭的念头。就连那些认为自己地位牢不可破且极为自负的人，在发现自己因“其他人”的出现受到威胁而变得如此暴怒的时候，也感到惊讶不已。

“有些问题让我挺困扰的，”一位女士说，“这个练习的意思是，只有头胎出生的人才会有如此反应。可在我们家里，感觉地位受威胁并且动不动闹脾气的其实是排行靠后的小祖宗。她才18个月大，但却会在完全没有人挑衅触怒她的情况下攻击她4岁大的哥哥。昨天，儿子看电视的时候，小丫头从后面冒出来，用她的沙锤对着哥哥的脑袋就敲下去了。今天早上，她和我一起躺在床上，正乖乖地喝着奶瓶，可当她哥哥想要爬上床躺在我的另一边时，她停下嘴，猛力一推，一下子把哥哥掀翻在地。”

接下来，大家就年纪较小孩子的感受方面进行了长久的讨论。另有几位父母提到，他们家中的一些年纪较小的孩子往往暴躁好斗，从很早就有意识向哥哥姐姐们发起挑战。还有一些家长则说自家年幼的孩子对年长的哥哥或姐姐心怀崇拜，如果在他们面前遭遇拒绝就会备受伤害且迷惑惶恐。还有一位家长介绍说自家最小的孩子早就饱受打击，不知所措，灰心丧气，因为他觉得自己永远也赶不上前面的哥哥姐姐。

一位父亲似乎对我们的讨论方向有点儿懊恼。“坦白说，”他开口道，“我觉得你们对孩子的感受有点儿太战战兢兢，百依百顺了。我之所以来到这里，就是因为我们家里的激情澎湃有点

儿过头了。一天漫长的工作结束，我回到家里，眼前的局面是——三个丫头彼此尖叫闹腾，我的妻子对着她们咆哮怒吼，然后她们全都跑到我面前，互相指责谩骂。我根本不想听任何人说她觉得谁谁谁怎样怎样，原因如何如何，我只想这一切到此结束，彻底消停下来。"

"我听得出你的急躁和沮丧。"我说，"但这里的情况其实有点儿讽刺。如果我们抱着'就此打住'的希望，那么就应该用一种宽和敬重的态度，按照自己的想法，关上门，将一切喧嚣关在外面。"

他坐在那里，怒视着我。

"我知道那会有多么的心烦意乱，"我说，"听到一个孩子跟另一个孩子大发雷霆。但是如果我们禁止他们表达那份愤怒之情，危险就会滋生，这种负面情绪会暂且沉下，并以其他形式重新冒出水面，可能是身体征兆，也可能是情感问题。"

现在他的样子看起来有点儿表示怀疑。

"咱们来看一看，如果不允许发泄负面情绪，咱们自己作为成年人会发生什么情况吧？"我提议，"咱们暂时先回到新丈夫/妻子的比拟练习中。假设……"

"我觉得这个比拟有问题，"一位男士打断了我。"毕竟，美国的文化准则不允许有第二配偶的出现。这甚至都不合法。可父母生育多胎是正常又合法的。"

"我是说假设，" 我回答，"不过为了这个练习的安全起见，咱们假设文化准则已经发生了变化，你的二婚行为已为法律所认可。由于国内男性或女性人口的匮乏，而推出了新的法规，强制要求稀缺性别人口嫁娶第二配偶。"

"好吧，"他颇不情愿地说，"我同意这主意。"

"你有什么可不同意的？"一位女士笑说，"你可是稀缺性别人口啊。”

我等着大家的笑声渐渐平息下来。“现在，自从新妻子或新丈夫来到你家，”我继续往下说，“已经过去了一年光景。而你，不但没有适应他或她的出现，反而感觉更加郁闷心烦。有时候，你真想知道自己是不是出了什么问题。你坐在床边，心中满是伤痛和委屈，这时候，你的另一半走进了房间。你还没来得及梳理好情绪，连珠炮一般的句子就喷薄而出：‘我不想让那个家伙再待在咱们家里了！这件事搞得我非常不开心。为什么你不能把她/他甩开呢？’”

你的丈夫或妻子会用各种方式来回应你。记下你自己对下面每一句话的反应。

1. 废话连篇，你简直是荒唐透顶，你有什么理由非要这么想。

你的反应：______________________________

____

____

2. 你说话的那副德性快把我气炸了。如果你是有感而发，那么拜托您自己知道就行了，烂肚子里吧，我可绝不想听。

你的反应：______________________________

____

____

3. 听着，别让我非得去做那些根本不可能的事情。你很清楚，我没法甩了他(她)。我们现在是一家人。

你的反应：______________________________

____

____

4. 为什么你永远都得是这副怒气冲冲的样子呢？找个法子改善一下吧，别动不动芝麻绿豆的小事儿也得飞奔到我面前叨叨叨。

你的反应：________________________________

5. 我可不是为了我自己才又结婚的啊。我知道有时候你很孤单。

你的反应：________________________________

6. 拜托啦，亲爱的，别这样啦。我对你的感情和别人有什么关系呐？我心中对你们两人可是同样的爱哦。

你的反应：________________________________

小组成员又一次被自己的反应吓了一跳。有人说他们感觉自己"蠢到家了"、"内疚心虚"、"很不道德"、"荒唐疯癫"、"遭遇重创"、"软弱无力"、"被抛弃了"。

还有些人说，"真实的我简直无法让人接受……"，"我绝对是个坏人……"，"面对这种情况时，我必须假装快乐，强颜欢笑，为的就是守住那点儿对我残存的爱意……"，"没人听我倾诉，没人在意我的一切"。

然而，最令大家惊讶的就是，每个人不惜一切代价要做出伤害行为的狂热渴望。他们希望给新来的家伙搞得一团糟，让她或他在肉体上受到伤害。在这一过程中，自身是否受到伤害或是招致配偶的愤怒，根本无关紧要。如果能让入侵者从配偶的眼中彻底消失，那么也就如愿以偿了。此外，他们也希望给自己的配偶来点儿颜色瞧瞧，让配偶因为让他们蒙受苦难而受到惩罚。

在研究这些所谓的“过激”反应的起因时，我们不得不承认，这一切反应其实也算稀松平常。在面对另一个人的“无理”情绪时，采取否认、合理建议或是宽慰的方式也是十分常见的做法。

在问到小组成员他们希望自己的配偶如何做时，回答出奇一致：“把她赶出去！”“把他赶出去！”屋里一派欢快的狂放大笑，接着又在几秒钟后陷入了沉思。

“如果我丈夫只是因为我的一句要求就真的‘把她赶出去’，那我还真挺害怕的。我会想，某一天他也会如此对我的。”

“我丈夫会不得不告诉我，他最爱的是我，她在他眼中啥都不是。”

“在当时我可能会感觉比较受用，但接着我可能会开始思考，他会不会也在她面前如此说我呢。”

“究竟怎么样才能让你们这帮家伙满意呐？”我打趣说。

房间里出现了暂时的停顿，接下来：

“我希望，能够让我自由地宣泄出新生活中那些令我厌恶的关键问题——不管这些是不是真的，不管他是不是会立刻跳出来维护她，或是批评奚落我，还是暴跳如雷。”

“或是看看他的表。”

“或是打开电视。”

“对于我来说，重要的事情是我要知道他真正明白我的感受如何。”

忽然间，我意识到，大多数的回应都来自小组当中的女士

们。这难道是因为我在练习时更倾向采用“新妻子”这一比拟而非“新丈夫”吗？还是因为女性比男性更容易在社会中表达自己的感受呢？

这次我转向男士们发言：“你的‘妻子’刚刚已经描述了她们的需求。我会要求你们尽量满足这些需求。当妻子说，‘我不想让那个人再待在咱们家。这搞得我非常不开心。为什么你不能甩了她？’你会如何回答她呢？”

男士们面无表情茫然地看着我。

我重述了一下任务：“为了让妻子知道你了解她的感受，你可能会对她说些什么呢？”

有些人互相忧虑地交换了一下眼神。最后，一位勇敢的先生试着说道：“我并不知道你的感受是这样的。”

另一位男士也鼓起勇气说：“我不知道你的反应竟如此强烈。”

有一位男士也加入了发言的行列：“我要从现在开始努力了解，这样的情形对你有多么的艰难。”

接着我又转向了在场的女士们：“如果你想让丈夫知道，你明白他对家里来了新丈夫的感受如何，你可能会说些什么呢？”

有人举起了手：“对你来说，他一直在身边晃悠，肯定非常难受。”

又有人举起手来：“你想花多长时间都行，只要你告诉我究竟是什么在困扰着你就好。”

最后，有人说：“我想知道你作何感想……因为你的感受对我来说非常重要。”

屋内听到一声叹息，几个人鼓起掌来。很显然，他们对自己刚刚听到的内容心生赞叹。

我转向那位在家中“激情澎湃”的父亲，“您怎么看？”我问。

他悲伤地摇了摇头："我猜，您是采取这种迂回的方式告诉我们，面对孩子的时候，不应该只是让他们住口收声，而是应该如此照做。"

我点头同意。"即使是成年人，也会有伪装的一面，"我说，"可以看出，当我们心中负面情绪滋生的时候，有人愿意聆听我们诉说，这种感觉多么贴心。孩子们各不相同，他们需要把自己的感受和希望与兄弟姐妹们共同分享，哪怕是招人讨厌的同胞。"

"是的"，他说，"但是成年人有自控能力。如果你对孩子们的这些感受开了绿灯，我所关心的就是，他们可能会付诸行动，以武力说话。"

"在允许宣泄感受与允许付诸行动之间，设定明确的界限是非常重要的。"我这样回答，"我们不允许他们互相伤害。我们的任务是教给他们如何在不造成破坏的情况下表达自己的愤怒情绪。"

我伸手把为本次研讨班专门复印的插画资料拿了过来。"通过这些卡通插画，"我一边说，一边向他们分发，"你们会学到如何在面对小孩子、大孩子还有十几岁的青少年时将这些理论付诸实践。"

不要试着排遣子女的消极情绪　要把他/她的这种情绪描述出来

不要

你老是和小宝贝在一起。

没有啊，我不是刚刚还给你读书了吗？

要把他/她的感觉描述出来

不要

要把他/她的感觉描述出来

听到这样的评价你就抓狂啦！

对，没错！

不要

要把他/她的感觉描述出来

对于孩子在现实中并不拥有的东西 给他们以想象的空间

不要

表达出孩子可能的愿望

不要

表达出孩子可能的愿望

不要

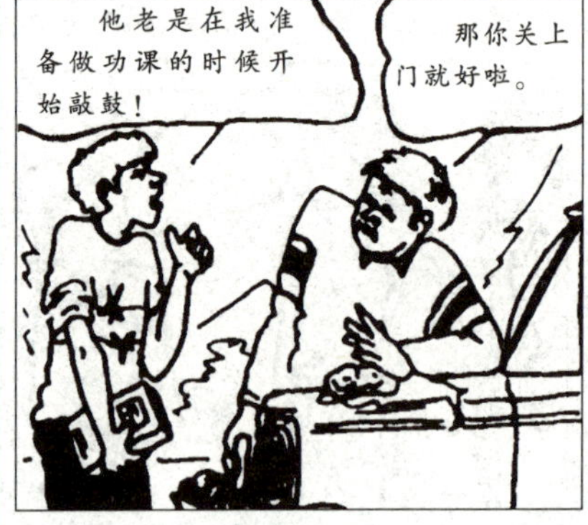

表达出孩子可能的愿望

帮助孩子以象征性或富于创意的方式来发泄他们的敌意感受

不要

鼓励孩子以富于创意的方式进行表达

别伤着你的小妹妹！你可以把你的情绪发泄在你的洋娃娃身上。

不要

鼓励孩子以富于创意的方式进行表达

不要

鼓励孩子以富于创意的方式进行表达

停止伤害性的行为　制止针对攻击者的攻击
提示愤怒的情绪如何可以安全地化解

不要

不要

告知表达愤怒的更佳方式

不要

告知表达愤怒的更佳方式

那天晚上，我们把剩下的时间都花在了这些卡通插图上面，就各种技巧展开讨论，准备多加尝试，从而了解其是否适用。

“也许，下次我儿子再跟我抱怨姥姥把太多时间花在了小宝宝身上时，我应该说点什么‘你希望她花更多的时间陪你’之类的话。”

“下次洛丽再想打她哥哥的时候，我会告诉她，把愤怒通过嗓门儿发泄出来，不要报以老拳。”

每个人都是一派繁忙的样子，都在努力琢磨如何把这些新技巧应用到自己家令人恼火的子女争宠问题上。

我注意到，曾经一度有些人看起来面无表情，目光呆滞。这时候，刚好我们的课也结束了。

就在我们收拾物品准备离开的时候，大家互相轻松地戏谑了几句：

“谁能记得住这么多东西啊？”

“我感觉晕乎乎的。我说过，我所遭遇的每种情况，你们都难以想象。”

“对我来说，这种做法太难了。每周把孩子们送到治疗师那儿一次应该比较容易一点。”

“一周一次？就我们家那阵势，至少得雇个住家治疗师才行。”

我一边听着，一边思考着：“对于这种夹在中间的位置，即使明知并非明智选择，非常令人苦恼，但又不知如何将其纠正。难怪他们都忧心忡忡的。”

不过，作为“过来人”，我也明白，他们的不安与困难只是暂时的。假以时日，经过实践，配合一点小小的成功，他们很快就会看到，这些技巧没什么大不了的，全都能够掌握。他们可能尚未意识到，其实他们已经投身到我们的实践中了。

兄弟姐妹们需要明悉彼此之间的感受如何

孩子：我要杀了他！他把我的新溜冰鞋拿走了。

你可以：

1. **用语言来表述感受。**
   “你听起来气坏啦！”

2. **通过愿望来表达。**
   “你希望他在用你的东西之前先征得你的同意。”

3. **采用象征性或富有创意的活动来表达。**
   “你觉得做一个‘私人财产’的牌子挂在你的衣柜门上如何呀？”

需要终止孩子们所遭受到的伤害性的行为

“住手！不能伤人！”

教会他们用可接受的方法宣泄怒气

“用语言告诉他你有多么的生气。告诉他：‘我不希望你没征得我同意就用我的溜冰鞋！’”

常见问题以及来自家长的故事

常见问题

我们的组员在这堂课结束之后，心中怀着对于孩子感受的认可、脑海中充斥着种种问题，迫切地想将自家发生的情况与他人分享。首先，我们来看看他们的问题。

1.我试着让儿子了解，我明白他愤怒的感受。我甚至告诉他："我知道你恨你弟弟。"但是这样做好像只是让他更生气了，他尖叫着喊道："不，我不恨他！"我是哪里做错了呢？

大部分孩子对自己的兄弟姐妹都怀着复杂的情感，如果别人说他们满脑子都是仇恨，他们会感觉很不痛快或是愤愤不平。比较有用的说法是："在我看来，你对弟弟的感觉是双重的。有时候你非常喜欢他，而有时候他就像个魔鬼，让你抓狂。"

2.对于一个始终告诉你他憎恨自己弟弟的孩子，你该如何做呢？当我答："我能听得出你讨厌他。"他就会冲我大喊："没错，我讨厌死他了！"我会说："孩子，你真是恨透他了。"而他则嚎叫："对了，我就是恨他。"就此，我们卡住了壳，再无进展。

为了帮助孩子不要总是一根筋地把思绪全部集中在自己的满腔怒火上，采用能够促他前行的语言对他的感受情绪重新进行描述会是一种很有用的做法。下面这些句子应该比较有帮助：

“我能听得出你有多生大卫的气。”

“他做的一些事情真是惹你生气了。”

“他说的一些话肯定是激怒你了。”

“你愿意多跟我说说这里面的情况吗？”

3.我告诉3岁大的女儿：“别打你的妹妹。回房间去揍你的洋娃娃吧。”但是她拒绝了，还是没完没了地折腾小宝宝。那我还应该继续使用这种方法吗？

把孩子从身边支开并让她打洋娃娃出气，要孩子在你面前通过打洋娃娃来发泄自己的感受，这二者之间是有差别的。这样的说法会更有效：“我不能让你伤着小宝宝，不过你可以让我看着把气撒向洋娃娃。”

关键词在于“让我看着”。在孩子用手指头戳或是不住地用拳击打洋娃娃的时候，家长可以用几句话来描述孩子努力想表达的想法。

“你妹妹真是把你给惹恼了。”

“有时候她让你气不打一处来。”

“很高兴你能把这一切展示给我看。如果你再出现这样的情绪，一定要来告诉我哦。”

4.我试着让我3岁大的女儿利用她的洋娃娃来向我展示她对小宝宝的感受。当她愤怒地将娃娃的头丢到地板上的时候，我意识到，这样可能对她有好处，但我就是看不下去。是不是只有我一个人有如此想法呢？

并不是只有你一个哦。其他一些也有类似反应的家长发现，如果他们的孩子利用旧枕头、黏土、手敷水彩颜料或是彩色铅笔和纸张作为表达的介质，那么他们就会感觉较为安心。

“你能给我画一幅画表达你的感受吗？”

“这些弯弯曲曲的黑色线条告诉我你正怒火中烧！”

“你那么玩儿命晃那个枕头，我知道你气得想大喊大叫。”

如果没有其他材料可用，我们也可以用用这些句子：

“我不能让你掐小宝宝，你可以用语言告诉我你有多么愤怒，可以很大声地说：‘我要气疯啦！！’”

5.我注意到，每当有亲戚来访，抱着我家的小宝宝亲昵不停时，我 5 岁大的儿子看起来总是蔫蔫的，无精打采。后来，他把这份怨气都发泄在了小妹妹身上。我能做点儿什么来改善这种情况吗？

如果我们对这些好心善意的亲朋们保持缄默，效果会不会非常好呢？其实不需要预先提醒亲戚们注意这些问题，你完全可以大方地对儿子讲出他可能会产生的感受，从而在无害的情况下让他的烦恼痛苦得到抵消：

“我知道，每个人都抱着小妹妹哄个不停，嘴里嘟囔着‘她多漂亮呀，可爱死啦’这样的话语让你感觉很不痛快，哪怕你知道，在你也这么小的时候，他们也这样抱着你，说过同样的话。如果下次你再出现这样的郁闷情绪，给我暗示，比如说使个眼色，我就会向你眨眨眼。这样你就知道我了解你的情绪了，这是咱们俩的秘密哦。”

6.我儿子好像永远也没法从他妹妹的角度看待问题。最近我一直问他：“如果妹妹也这么对你，你会怎么想？但他怎么也不回答我。这是为什么呢？”

这个问题把他难住了。如果他诚实地回答，他就不得不承认他也不愿意那样。如果你希望你的儿子能够换个角度考虑问题，只需要简单地说上一句对他表示信任的话即可：“我相信你能够想象得出，如果我们也这样对你，你会作何感受？"那么，他就必须要思考一下："我能想象得出来那样的情景吗？那样的话我会作何感受呢？"不过他不需要非得回答别人，只要自己心知肚明就好。这样就足够了。

7.我十几岁的女儿总是喋喋不休地抱怨她的弟弟，有时候我简直招架不住了，难道每次她来找我叨叨我都必须要认真倾听吗？

对所有人来说，很多时候我们都没有耐心去听那么多抱怨的话。让我们的孩子了解到这一点是非常重要的。你可以告诉你的女儿："我听得出你有多么烦你弟弟，但是现在我很难再往下听。咱们饭后坐下来好好谈谈吧。"

有这样一位母亲，她对子女每天连续不断的抱怨简直失去了最后一点耐心，于是她买了几个本子，分别交给自己的孩子，作为他们每个人的"牢骚簿"，他们可以把对彼此的抱怨愤怒之情通过记录或绘画的方式保存在本子中。本子立刻产生了效果，母亲身边的抱怨声也明显减少了。

家长的故事

现在，我们开展研讨会已经有多年历史了，每当看到家长们仅仅上了一两次课后就能够回到家中以聪明独到的方式将理论付诸实践，我还是忍不住会感到惊讶。对于总结出来的经验，他们也会如实地记录下来或讲述给小组中的其他成员。有一些内容我们稍加编辑，只是对孩子们的名字变更了一下。

头两个故事被带到课堂上时，我们每个人都吃了一惊。故事里的孩子打从娘胎里就开始不断地制造麻烦，真让人头疼。

我现在怀孕7个月了。当我第一次告诉5岁的塔拉(Tara)我将要再生个宝宝的时候，她一声未吭。然而，上个礼拜，她摸了摸我的肚子说："我讨厌这个宝宝。"我吓了一跳，不过我很高兴她毕竟把自己的想法说了出来。因为我知道她一定会有些怨恨愤慨的情绪，她乐意告诉我这些，就意味着她信任我。尽管我是有备而来——我也一直盼着她跟我说这些——但现实还不啻为一颗小型炸弹。

我对她说："塔拉，你把这些告诉我，我很高兴。你有没有想过，有了小宝宝之后，妈妈可能会没时间陪你了？"她点了点头。我继续说，"如果你觉得妈妈陪你的时间少了，你就来告诉我，我会抽出时间陪你的。"

炸弹的威力消散了，自那以后，她再也没有为这事儿闹过别扭。

当我和妻子第一次告诉迈克尔(6岁)，妈妈怀孕了，他兴奋异常。接着，他考虑了一会儿说："不行！"那天晚上，他开始尿床了。

小宝宝降生后，他并没有对她表示出憎恶的敌意。实际上，他对她很照顾——抱着她，照看她，把她保护得很好。但是，只要妈妈一不留神——他居然踢她……打她。当小妹妹长大一些时，就知道制止这样的行为，说："我不会让你伤害到我的！"接下来，迈克尔开始拿着牙膏或凡士林之类的东西满屋子里到处乱涂乱抹。最后，我们实在受不了了，就给他的老师打了个电话。老师告诉我们，迈克尔在学校里也不专心听讲，注意力持续分散。

我和凯为此进行了谈话，我们也开始思索，也许他这种行为方式的原因就是我们根本没有给他机会表达自己的心声，倾吐自己的情绪。我开始在对迈克尔说的话语中加上了一些我们在课堂上讨论的内容，比如“一看到妈妈无时无刻不围着小宝宝打转转——给她喂奶，给她换尿片，你就感觉特别气恼。”凯也对他说：“有时候，当妈妈有了新生的小宝宝，其他孩子就会认为妈妈不再爱他们了。如果你也产生了这样的想法，你要立即来告诉我，我会专门给你一个大大的拥抱哦。”我们还轮流从小宝宝旁边抽身出来，给他一些相处的时间。

这种做法显然很奏效。他在家的表现有了很大的改善。在学校开放日那个晚上，他的老师对我们说：“我简直难以置信，我不知道迈克尔身上发生了什么。现在他是我们班最好的学生之一。他在他们小组里是阅读最棒的孩子。”

在下一个故事里，我们会看到一位家长努力把自己学到的新技巧应用于10岁大的儿子哈尔身上。她会想办法让他知道自己注意到了他的感受，哪怕他说的话语会让她震怒不已。

上周研讨会后过了几天，我的孩子们放学后过了很久还没回家。时间很晚了，我跑到外面去找他们。在外面，我看到蒂米(6岁)沿路一边往家跑，一边无法控制地大哭。接着看到的是他的哥哥哈尔(10岁)，跟在他身后只有几步的距离。

我跑到蒂米身边，他抽抽搭搭地说哈尔掐他，把他推了个跟头，还踢他。

我看到了蒂米身上红色的伤痕，真想揍哈尔一顿，但我克制住了自己的冲动。我搂着蒂米，竭尽全力给他更多的安

慰。最后，他终于平静了下来，我给他拿了点零食，接着他就出去玩了。

所有这一切发生的时候，哈尔一直在周围闲逛晃悠，不动声色地观察着我们。蒂米离开后，他说："你想什么时候听听我的说法呢?"我告诉他："就在现在。"他告诉我车上有3个孩子威胁说要把他臭揍一顿，他丢下自己的书包跑到了树林里面躲避他们，等到外面太平了，他走出树林，发现蒂米正拿着他的书包，他认为弟弟没权力这么做。他把蒂米暴打了一顿没什么错，是蒂米"自找的"。

哈尔算是幸运的了，因为我参加了研讨班。我强迫自己说："因为蒂米要把你的书包拿回家，你就有理由揍他啦。"

"没错！"他理直气壮地喊道，"那是我的书包！"

我不知道该如何接他的话，于是我走进厨房准备晚餐。过了一会儿，哈尔跟着我进了厨房，默默地站在我的身旁。我抬头看了看他，他用非常低的声音说："我想说点什么，可我说不出口。"

我告诉他我愿意倾听。他站在那里，看起来闷闷不乐的，没法开口言语，我问他："那你能把想说的话写下来吗？"

他拿了一张纸写："我感觉我可能把蒂米伤得有点儿过头了。"

我只是说了句，"哦。"

他站在那里，看起来还是可怜巴巴的。我说："你对这件事感到非常难过。"

他点了点头，接着他把对整件事情的感觉全部和盘托出。他气得不得了……那几个孩子真是吓到他了……而最后，"妈妈，你知道吗，如果那几个孩子没有跟我找茬，我也不会对蒂米动手的。”

我说：“我明白。”

那天晚上，哈尔好像一反常态，对蒂米的态度好得一塌糊涂。

一位父亲则采用了一种完全由他自己原创的方式来描述女儿对她弟弟的敌意。他不仅“用语言来形容她的感受”，还把她的话语付诸笔头。

昨天晚上，吉尔咬牙切齿地跟我抱怨她的弟弟，我试图告诉她我明白，但她只顾慷慨激昂地大叫大嚷，根本听不进我说的一个字。最后，我拿一支铅笔，试着把她说的话记录下来：

1. 吉尔强烈反对马克用电话分机偷听她和别人的对话。

2. 她讨厌马克在饭桌上大声吧唧嘴并且用餐叉剔牙。这样的行为惹人讨厌，令人作呕。

3. 她认为马克无权在不敲门的情况下进入她的房间。尤其憎恶当她尖叫着让他滚出去的时候他还满不在乎地哈哈大笑。

当她终于停下来喘口气的时候，我把记下的内容读给她听。她听着自己说过的话，津津有味。我问她是否还有其他要说的话。确实还真有。她又添上了两条委屈的抱怨，我也把它们一一记录在案。

接着我说：“马克应该看看这张条子。不过在我看来，一次性受到五条指责，恐怕没谁能受得了。你能不能挑出最让你讨厌的一两条呢？”

她又拿着字条自己读了一遍，划出了其中的两条，然后把纸条揣进了自己兜里。

我不知道那以后发生了什么。其实我很想去一一问究竟，但我觉得自己最好还是置身事外吧。

在父母们全新的实验性想法中，他们总是迫切地想看到如果给予愤愤不平的子女们一片想象空间，让他们幻想出那些现实中并不拥有的东西，又会发生怎样的情景呢？

罗伊(5 岁)哭哭啼啼地找到我，有满肚子的委屈要诉说。比利对他这样啦，对他那样啦，把他丢出房间，还骂他是个讨厌鬼。

母亲：他这样说肯定伤害到你的感情啦。你希望他能够以一种温和的方式告诉你他希望自己独处。

罗伊：(没再说什么，但是停下来不哭了。)

母亲：你希望他会说，“进来呀，罗伊，咱们一起玩儿！”

罗伊：是啊，他还会让我看看他的望远镜。

母亲：只要你想看，他就会乐意让你看。

罗伊：再给我几张他的贴画儿。如果我有个弟弟，我就会给他的。

母亲：你知道自己愿意做一个什么样的哥哥。

罗伊：对呀！(忽然间备受鼓舞的样子)你再生个宝宝吧！

听了这话，我无言以对。

学习了这些新技巧之后，伴随而来的问题就是，父母们时时刻

刻会给自己施加“做得得体”或是“说得在理”的压力。值得高兴的是，他们很快就会发现，面对孩子，总会有两次机会。下面介绍的就是一位父亲在某次愤怒的抗争过程中调转自己方向的经历。

丽兹（8岁）生日的到来搞得保罗（11岁）脾气暴躁，愤愤不平。他想尽办法，死活都不肯配合我们。当他妈妈让他把自己在即将举办生日晚会的地下室里散落得到处都是的东西捡起来时，他说：“别管我的事儿。”我气坏了，说他是个面目可憎的讨厌孩子，然后把他弄回了他自己的房间。他倒是听话回了房间，但是用尽全身力气把房门一摔了事。

我简直不能相信，他怎么会有这么幼稚的行为，毕竟他也11岁了啊。接下来，我意识到，即使是在他这样的年龄，大家忙忙碌碌满心欢喜地给丽兹准备生日活动，也会让他心生不爽的。在走进他的房间之前，我感觉心中已对他多了一份体谅。

我对他说：“我猜，整个礼拜满脑子听到的没别的，就是‘晚会、晚会、晚会’，确实够让人烦躁的。尤其是你自己的生日还那么遥不可及。”

“还有5个月才到呢。”他气鼓鼓地说。

我答道：“我觉得好像是6个月哦。”

他掰着手指头算了算，“四月、五月、六月、七月、九月。”

“怎么把八月给漏掉啦？”我问。

“哦，天呐！我忘了八月份了。什么破八月嘛，害得我的生日更遥远了！”

我对他说：“我知道，你恨不得下个月就是10月，这样你现在就可以开始筹划自己的生日晚会了。”

那天，他第一次露出了笑容。接着，我们又以这种方式

继续聊了一小会儿，然后我就离开了。

几分钟之后，保罗吹着口哨出现在地下室，开始收拾东西，为丽兹的生日晚会做准备。

让我们的小组成员掌握适当的方法，从而使孩子们的负面情绪通过富于创意的表达方式进行抒发，进程是比较缓慢的。一位女士告诉我们，仅有的那么几次，她鼓励孩子们把自己的想法写下来或是画出来，都遭到了他们的拒绝。后来，还有人指出，由于孩子们往往会模仿自己父母的行为，如果下次她生谁的气，她可以坐在孩子面前，以绘画或是笔头记录来表达。

她温文尔雅地洗耳恭听，但看起来还是一副半信半疑的样子。不管怎样，下次上课的时候，她会把建议付诸行动后所发生的情况对我们进行汇报。

上礼拜课程结束的第二天早上，我家的电视机彻底没动静了。我打电话给社区修理工，他立马赶了过来。不到 10 秒钟的工夫，他就找出了症结所在，插销板的插头松了。他把插头按紧，电视又开始工作了，完好如初。我感觉自己真是个白痴啊。

接着，他开出了一张账单，要向我收取全额的上门服务费，还要加上税！我试图跟他争取个人情折扣，意思一下就行了，但他根本啥都不听。在他走出我家后，还打来电话跟我说："别因为这事儿着急上火，不值当的！"

我真想追到他身后破口大骂，但我的孩子们正站在旁边看着我。我抓起一个大大的便签本，在上面唰唰唰地奋笔疾书：

气死我了!!!

我讨厌死那家伙了,他简直是来抢钱的。

不要脸的骗子。

我再也不会找他修东西了。

我要把他的恶劣行径告诉所有的邻居。

接着,我给他画了一幅“奇丑无比”的画,画中的他跟个吊死鬼似的耷拉着舌头,满眼都是金钱的符号。

我感觉心里痛快点了,看着自己制造出的凌乱恶俗的画面,忍不住哈哈大笑。当我丈夫回到家的时候,孩子们迫不及待地跑到他跟前告诉他家里发生的事情。

最开始,他也相当闷闷不乐,但当他看到我的画作时,终于也兴奋地乐到不可抑制。

这件事开了个头。从那以后,我的孩子们一直把这种记录或绘画的形式坚持了下来。下面就是我10岁的儿子对他的哥哥的笔头控诉。

亚历克斯罪行大全

1. 又蠢又笨
2. 傻瓜透顶
3. 超级大白痴
4. 脑力低下
5. 老爱捉弄人
6. 自私又小气
7. 脓包废物
8. 古里古怪
9. 神神秘秘
10. 猪头一个

结　论

如果遇到了亚历克斯，你立刻就会讨厌他。

这是机密信息。

情报局

下面是一天早上我女儿递给我的画作，她说："亚历克斯故意把我的红色蜡笔给撅折了。你看看这张图就知道我简直气炸了！"

我们小组中的两位家长正在处理一个尤为棘手的问题。他们每人都有一个总喜欢在身体上攻击或伤害弟弟妹妹的孩子。尽管两位家长都努力将他们学到的新技巧付诸行动，但他们使用最多的法子还是——"用语言告诉我是怎么回事！"

孩子们口中冒出的话语往往言辞激烈，暴力十足，常常让家长讶异反感，但是，攻击的次数明显减少了。

我听到孩子们在克里斯蒂的房间里吵吵闹闹，他们的声音越来越高。接着汉斯怒气冲冲地闯出她的房间，回到了自己屋里。

后来，他又返回对克里斯蒂说："你知道我有多生你的气吗？我简直气死了，我真想像现在在这张纸上戳洞一样在你身上也戳几个窟窿。"（我能听见铅笔捅破纸张的声音。）"我不会这么对你的。但我真希望你就是这张纸！"

在他的行为表现当中，这真是一个令人难以置信的进步。放在两周以前，他可真会扑上去伤害她的。

洛丽总也管不住自己的脾气，她弟弟只不过斜眼瞟了她一下，她就会对他大打出手。

昨天，我们正以55英里的时速行进在高速公路上，她又故态复萌了。

洛丽：（尖叫着）詹森用他的纸风车打我的眼睛！

詹森：不，我没这么做。

洛丽：你撒谎！

詹森：我不是故意的，我只是想让它转起来。

从后视镜里，我看到洛丽已经举起了拳头，准备大干一场。

我：哎呀，洛丽，一定很疼吧！眼睛被打到了肯定很疼，哪怕只是不小心碰到的。你肯定因为这事儿气得不得了，跟詹森说说你的感觉吧。

洛丽嘴里骂骂咧咧地把詹森数落了一个够，但至少，她没真的出拳打他。我真是感到惊愕啊。

尽管有些家长对孩子们的进步感到满意，也有些家长为孩子们冒出这些恶狠狠的话语感到忧心忡忡。经过一番讨论，我们得出的结论是，帮助孩子在文明谈吐的阶梯上更进一步的最佳方法就是以身作则，向他们展示出我们所期望的那种行为方式。如果我们坚持要孩子们找出其他的方式来替代动手打人或口头谩骂，那么我们自己，就必须先找出这样的替代做法。下面是一位父亲的做法：

> 我有三个十几岁的女儿，我们之间的交流总是骂骂咧咧，嘴里不干不净的。我和妻子对她们呼来喝去，她们彼此之间也是骂来骂去。上周课程结束之后，我们意识到，不能再沿着老路这样走下去了，必须有所改变。因此，有一天晚上，当两个姑娘又因为冰激凌拌嘴时，一个人说："你这头猪……"
>
> 我说："等一下。我和妈妈有一个新想法。我们为什么不能坐下来好好谈谈呢？"
>
> 当大家一一就座后，我开口说："你们知道，每天这样互相谩骂，已经在咱们彼此之间造成了极大的伤害。我们伤害了你们，你们也伤害了彼此，我们打算让这样的局面就此偃旗息鼓。咱们得彻底戒除这个坏习惯。"
>
> 她们反响并不强烈，只不过是"好吧，爸爸，行……我们不会再骂了。"然而，可喜的是，我们正处在不断改善的过程中。现在每当她们爆发争吵，一方说出"滚出我的房间，蠢蛋！"我会走过来说："嗨，别忘了咱们答应的事儿哦，不许再互相谩骂啦。我都改掉老样子了，你们也不许再像以前那样啦，跟她说说你为什么生气吧。"你这边还没搞清楚情况，她们已经开始对话沟通了。
>
> 每当我失去冷静时，她们也会如此提醒我："爸爸，我记

得是你告诉我们不许再骂人了。”我也会说：“你说得没错……你说得对，我很抱歉，我特别郁闷……好吧，下次……的时候我不骂人了。”

这只是件小事情，但是带来的改变却是巨大的。

下一个故事是一位母亲提交上来的，过去，每当她5岁的儿子折腾小宝宝的时候，她都会给儿子的屁股来上一巴掌。这次，她尝试使用另一种办法。

我曾经历过一个噩梦般的早上，两个暴躁不安的孩子快把我逼疯了。我从杂货店购物打算回家，谢天谢地小宝宝总算在车里睡着了，我这才稍稍安下心来。这样我就有足够的时间把车里的东西一样一样拿出来，然后再拿奶瓶喂她喝奶。我往家里搬东西的时候，菲利普在我身边纠缠不休，号哭不停。我让他到外面去，顺便看看凯蒂是否一切都好。结果他出去了老半天也不回来，我走出来看看发生了什么情况。小宝宝正在哭天抢地，菲利普拿着拨浪鼓在她面前晃个不停。我问菲利普是不是他把小妹妹弄醒的，他说是。他居然因为小宝宝睡了这么长时间而气得不行。

我竭尽全力控制住自己没去狠狠揍他一顿。我用手猛力敲了一下车座，尖叫着喊出我有多么的生气，接着我抱起小宝宝，哄着她回到了房内。

菲利普没有跟着进来。他把自己锁在车内，算是自愿惩罚。我想了想：“也好，就让他在那儿坐着吧！”

大约10分钟后，菲利普回到了家里，开始跟我讲他多么痛恨自己。这时候，我已经冷静下来了。

“我觉得我们遇到了点问题。”我说，“咱们来一起谈谈吧。”我们在厨房餐台旁边一起坐下，“有时候你挺喜欢小妹妹的，有时候她又让你气愤抓狂——气得不得了，气得上了天。”

他点头表示同意。

“咱们来谈谈能够让情况有所好转的方法吧。”

我还没来得及说什么，菲利普就脱口而出：“每当我气头上来时，你应该把凯蒂从我面前抱开，因为我会把自己的怒气都撒在她身上。”

我搞不清楚他为什么能如此明白自己的感受，也弄不明白一个5岁的孩子能够有如此的言语表述。自从那以后，我们联手避免了很多潜在问题的发生。每当他心情不佳的时候，就跟我要求在车上换个座位。凯蒂惹他厌烦的时候，我会建议他到另外一个房间玩儿。

最后这个事件是一位通常在我们的课程中保持沉默的女士讲述的。当听到这个故事的时候，我想起了心理学家多萝西·巴鲁克一直坚持固守的主题思想：只有坏情绪发泄出来，好情绪才会显山露水。

我一直能够感觉到，梅丽莎（7岁）对她的妹妹（3岁）有一点儿嫉妒，她并没有多么恼恨憎恶她，她从来不会打妹妹或是做其他不好的事情，她只是有点儿无视妹妹的存在。可我很难跟梅丽莎讲清楚这些，她不会跟你说她不喜欢什么，有什么人惹她烦心之类的。她和我真是太像了。

不过，上周的课程之后，当妹妹小睡的时候，我把梅丽莎叫过来和我一起坐在长沙发椅上。我伸手揽住她，对她说："我很高兴咱们俩能够单独相处一会儿，我很久没有跟你聊天了。我一直在想……有时候，家里有个小妹妹一定是件令人头疼的事情，你的每一样东西都得和她分享，你的房间、你的玩具——甚至你的妈妈。"

当时的情况就好像大坝溃堤一般，梅丽莎控制不住地对我倾诉，我简直无法相信自己听到的内容。她说的话相当可怕，她恨透了这个妹妹！有时候她恨不得她死掉才好！我感到心里一阵阵的难受。此时，电话铃正好响起，因为我根本不知道这样的倾诉我还能往下听多久。

那天晚上，当我去检查孩子们是否已经安睡时，看到的情景让我以为自己眼花了。一张床上，她们两人并排睡着，胳膊居然互相挽着，搂在一起！

我们讲完或是读完所有这些故事的时候，看到彼此的表情都充满了惊奇。我们身边所发生的这一切是多么的奇特而又令人心酸啊！这一切看起来就好像是一个百思不得其解的悖论：

坚持让孩子们保持良好的感觉反而导致他们滋生不佳的感受。

允许孩子们把负面情绪发泄出来会让他们产生良好的感觉。

为了实现兄弟姐妹之间的和平相处，我们采取的是迂回路线。当然，这也是效果最为直接的做法。

—— 第 3 章 ——

比较是件危险的事情

The Perils of Comparisons

截至目前，我们已经讨论了兄弟姐妹之间制造出来的强烈竞争感，而我们成人对此无能为力。我们的第三堂课开始时，我向组员们提问："我们哪些做法加剧了孩子们的竞争？"

有人喊："我们拿孩子作比较。"

没人提出异议，大家一致认为拿孩子作比较显然使争宠的局面"加剧"。尽管如此，我认为从孩子的角度体会被作比较的感觉，会是一件很有意思的事情。

"假设你是我的孩子，"我说，"把对下面这些话发自肺腑的反应传达给我。"

"丽莎的餐桌礼仪多么规矩，你永远也学不会像她那样翘着纤纤细指吃东西的样子。"

"你怎么能拖拉到最后一刻才开始动手做报告？你哥哥每次都是早早把功课提前做完。"

"你为什么不能把自己弄得像盖瑞那样？看起来总是清清爽爽的——利落的短发，衬衫掖得整整齐齐，看着他就让人赏心悦目。"

组员中立刻响起了反馈的声音：

"我非把盖瑞推到泥坑里去。"

"我恨透了他。"

"你喜欢谁都比喜欢我多。"

"我做什么都不对。"

“你根本就不爱我。”

“我根本就不可能变成你希望的那个样子，你还费这劲干嘛？”

“如果我当不上尖子中的尖子，那我就会成为混球中的混球。”

听到大家反应中的那份愤怒与绝望,我着实吃了一惊。尤其是最后一句话，真是让我为之一震。如果不能胜过他人成为优秀,有些孩子是否真的会走向反方向,做个恶人呢?

有几位组员很快就以自己的亲身经历对这种可能性做出了佐证。后来,又有人提到吉米·卡特总统和他那野性难驯的兄弟比利之间的故事。想起那些古怪滑稽的事情，我们全都哈哈大笑。比利还真是“坏小子”中的佼佼者啊。

一位女士摇了摇头,“也不尽然,”她说,“有些孩子之间根本没有那么多斗争,他们干脆放弃,破罐破摔吧。我知道自己就是这样过来的。我妈妈总是以各种各样的方式让我明白我妹妹多萝西有多么多么的优秀,跟她比起来,我是多么多么的差劲,搞得我经常琢磨,为什么她要先把我生出来呢。我所做过的最棒的事情就是搬到千里之外的地方居住，远离她们——远离我的妈妈和妹妹。”

“直到现在,我都还惧怕假期的到来,因为这时候我和妈妈就会碰面。从看到我的第一眼起，她像机关枪一样不停地说：‘你的发型看起来太单调了,亲爱的,你应该把它稍稍改进修整一下,就像多萝西那样。’……‘詹妮弗和艾伦在学校怎么样啊?多萝西的孩子们可全都在快班呢。’……‘多萝西刚给自己找了份超好的工作,收入那叫一个可观啊。你这妹妹绝对是个志在必得的实干家！’她到我这儿来看我一次,我得花上好几个礼拜的时间情绪才能恢复过来。”

房间内响起一阵同情惋惜的低语。“我爸爸总是拿我的两个哥哥作比较，”一位男士冷冷地说，“我们十几岁的时候，父亲就过世了，但是我的哥哥们完全继承了父亲的衣钵，简直不可思议。现在他们俩一个 43 岁，一个 47 岁。虽然他们知道自己做的事情荒唐透顶，但就是停不下来。他们甚至连自己的肾病都拿来比较，斗个不停，比谁的病更严重，谁的肾脏更糟糕，谁需要的治疗更多，怎样的治疗方式才正确。他们俩都在做透析，每个人都极力证明自己的治疗效果更好一些。这是俩大人办的事儿吗！”

“难道情况都如此吗？”一位女士冒出来一句，“这些例子都太极端了吧。我也会时不时地拿我的儿子们相互比较，但我确实认为这不会对他们造成什么持续的伤害。”

组员们都望向我。

我看着这位女士。

“你是在什么样的情况下拿他们作比较呢？”我问。

“我不是总拿他们作比较。”她摆出一副自我辩护的架势。

“但是请告诉我是在什么时候呢？”我坚持继续往下问。

她思索了一阵子，“嗯，其实我并不确定你是否把这叫作比较。可能更近似于激励吧。比如说，我会对扎克利说，‘亚历克斯晚上就把功课全都做好了。我和爸爸从来不需要唠叨着督促他。’我从不会说，‘为什么你不能像亚历克斯那样？’”

多萝西的姐姐也加入了讨论中。“你其实不应该这么做，”她热切地说，“你应该知道，扎克利肯定清楚明白地听懂了你的意思——他哥哥做得对，而他做的是错的。”

“但我也并非总是拿亚历克斯做榜样，”那位女士反驳道，“有时候我也会表扬扎克利，以某种方式让他明白他比亚历克斯优秀。我会告诉他，他比哥哥手巧得多，亚历克斯总是笨手笨脚的。”

“这样做还不是一样的不咋地！”多萝西的姐姐爆发了，“这完全跟我妈妈对我的做法如出一辙。我还记得她曾对我说，我比多萝西更加‘井井有条’。当时我心里还挺得意的，随后我就陷入了真正的担忧。我能坚持下去吗？就算我把这种状态坚持下来，如果哪天多萝西也变得‘井井有条’，情况又会怎样呢？那时候我又会如何呢？我相信我妈妈也认为她是在鼓励我，但她所做的一切只能让我和妹妹之间的竞争更趋严峻。”她停顿了片刻，仿佛在进行要不要继续往下陈述的思想斗争，“同时也加剧了我和其他任何人之间的竞争意识。”她补充道。“我花了一年的时间进行治疗后才明白，作为一个成年人，我对自己所做的一切都是我母亲曾经强加给我的，这在自我塑造的过程中简直是大错特错。我总是拿自己的一点一滴与其他人进行比较，简直是蠢透了。如果你只着眼于他人，你总会发现有人在某一方面比你做得更好。我的治疗师有句话说得好：‘永远不要拿自己跟别人相比较，否则你收获的要么是自高自大，要么就是倍感挫败。’不管怎样，我经过了这一番挣扎，我能说的就是，请一定远离比较，比较只会带给你不快。”

一直声称可以作比较的那位女士显然已经败下阵来。毫无异议，她所听到的话语已经让在座的人全都信服，痛苦中诞生的经验才有权威的力量。

“很奇怪，”我对着组员们说，“当我的孩子还小的时候，我对自己发誓，绝不会拿他们进行比较。但后来，我总是拿他们瞎比较——一次又一次，总不长教训。”

大家全都惊讶地看着我。

“听到我嘴里冒出这样的话，”我继续往下说，“我自己都讶异这是我说出来的么。最后，我琢磨这都发生在什么情况下。在我脾气爆发的时候，会拿他们作比较（‘为什么你总是让全家人

等你一个？你哥哥 10 分钟前就上车等着了！’）。因为高兴而激动万分的时候，我也会拿他们俩作比较（‘真是太棒了！你哥哥对那道题钻研了一个小时，而你只花了两分钟就做出来了！’）。不管是哪种方式，最后带来的只会是麻烦一箩筐。”

“下面介绍的就是帮我打破固有模式的方法。每当我冒出要拿两个孩子作比较的冲动时，就对自己说：‘不要这样做！快停下来！’你对这个孩子该说什么就说什么，直截了当，别牵扯另一个孩子。关键在于描述。描述你所看到的，描述你所喜欢的或不喜欢的，描述孩子需要做的事情。要点在于着眼于眼前这个孩子的所作所为，他的兄弟做了什么或没做什么与他都没关系。”

我把下面这些插图分发给组员们，让大家可以看到实际行动中的差异所在。

避免引起不快的比较

不要

你是个大孩子了。别像个小婴儿似的把东西摊得到处都是。

描述你看到的情形或你的感觉

我看你把积木、卡车都捡起来了，甚至还把一片片拼图都给收好了。

不要

我希望你弟弟能有你这样的学习习惯就好了。让他集中精力，简直一分钟都不行。

描述你看到的情形或你的感觉

你复习那份词汇表已经半个小时啦！

不要

你看起来总是漂漂亮亮的。你妹妹老是好像摸着黑穿衣服似的。

描述你看到的情形或你的感觉

我喜欢你衬衫上的那抹淡紫色，和裙子上的紫色很搭哦。

避免引起不快的比较

不要

把问题描述出来

不要

怎么你哥哥放了学就能按时到家上音乐课，而你从没准点过！

这样的人真够讨厌的！回头我让他回家的时间更晚。

把问题描述出来

不要

你还敢说我“慢吞吞的”。你姐姐从来没这么跟我说过话。

我做每件事都是错的。她做的每件事都是对的。

把问题描述出来

在我们一起研究卡通插图的时候，大家也常常同时冒出各种评价之声。大家一致认为，即便是善意的比较也可能带来伤害的后果。有几个人说，他们明白了，这类所谓的“赞许”会让一个孩子得到鼓励同时，另外一个孩子消沉下去。我正打算推进到下一个话题的时候，注意到有几个人露出了皱眉的表情。

“你有点儿困惑哦。”我说。

他们看起来对不少问题都感到困惑，我尽力对他们关心的问题一一作答。

“我们都生活在一个竞争社会中。难道一个孩子不需要在家中参与竞争，从而为今后步入外面世界‘坚持自我’做好准备么？”

“如果你说的‘坚持自我’是胜任职责、全心投入并且实现目标——其实这一切都能够在一个鼓励合作的环境中学到。对我来说，在一种合作的氛围下成长起来的最佳作用在于这种环境所带来的作用——它会使你更加尊重他人，对自己也更自信。”

“但是难道竞争没有任何好处吗？”

“确实，在获得成果的过程中，竞争也起到鞭策激励的作用，但是它会让你付出代价。针对学校和商界人士的研究表明，一旦竞争加剧，人们的身体往往会出现头疼、胃疼、背痛的症状，伴随而来的还有情绪上的不适，他们会更加焦虑、疑心更重、敌意更强。我们的家庭，应该是一座远离此类压力的天堂圣地。”

“我从不拿谁作比较，哪怕只是对我女儿说一件我儿子表现好的事情，她的反应就好像是我在拿她作比较。她会说：‘你觉得他比我好。’我真是搞不懂她。”

“孩子们常常会认为，对兄弟姐妹的表扬，就是对他的批评。他们会自动翻译你的话，‘你哥哥特别会体贴人’，在他们看

来就是‘妈妈觉得我不够体贴’。最好的做法就是收起甜言蜜语，别让那些听风就是雨的孩子们听到你对谁谁冒出什么热情洋溢的夸赞。”

“但是，如果某个孩子跟你说了一件他/她做的非常特别的事情，其他孩子都站在一旁听着，你应该怎么做呢？”

“这种情况确实难办。我们不想瞒骗为自己的成就激动不已的孩子，但也希望面对其他孩子的感受时做得细腻体贴一些。如果把你所想到的这个孩子可能的感受描述出来（‘你一定特别为自己感到骄傲啦！’），或者是描述一下孩子所取得的成就（‘坚持不懈的努力让你赢得了这枚奖牌’），应该就是万无一失的做法了。”

“诀窍就是不要画蛇添足，什么‘我真激动啊，我迫不及待想要把这件事告诉你爸爸和所有的邻居哦’这样的话不要冒出来。你应该把因某一孩子所取得成就而产生的激动和热情暂时收起来，等到你们俩单独相处时再向他/她吐露。因为对其他的孩子来说，这些话他们未必想听呢。”

“不过，有时候也没法避免其他孩子会听见你说的话——比如发放成绩单的时候。在我们家，两个孩子总会在同一时间把他们各自的成绩单塞给我。上个礼拜，我儿子迫不及待地把他的数学 B 分（比起上次的 C 有了进步）给我看，就在我对他的进步‘大呼小叫’的时候，他的姐姐秀出了她在数学上取得的 A。突然间，儿子好像泄了气的皮球，一下子消停了下来。他得到的 B 好像没有什么价值可言了。”

“你可以肯定地告诉两个孩子，‘我们不需要拿成绩单互相比较。’你们过去的 6 周时间，在学校的功课成绩与行为操守都有记录在案。我希望能和你们俩坐下来分别单独谈谈，这样我就能了解老师对你们的评价并且听听你们对自己所取得进步的感想。”

“但是,怎么样才能阻止孩子们在我不在场的情况下拿着成绩单互相比较呢?”

“你做不到,也没有必要这样做。如果他们想把自己的成绩单拿给对方看,那是他们自己的事情。重要的问题是让他们知道,父母把他们当做独立的个体来看待,没有兴趣拿他们的成绩进行比较。”

看起来好像没有别的问题了。我正试图作总结,却看到一位女士冲我挥手,她看到我的眼神,马上就开始述说:

“如果我的孩子们只是拿成绩作比较,我可真是要欣喜若狂了。关键是他们事事样样都要比,每天从早到晚地比,就连他们的肚脐眼儿都要比。‘我的肚脐是往下陷的……你的是往外凸的。’而且他们总是不断地观察对方拥有的东西并为此产生担忧之情:‘这个更好一些……他的更漂亮……你给他买了那个啊?为什么你不给我买一个啊?’我发现自己始终都得努力做到对他们完全平等。他们搞得我简直是精疲力竭,如果我给格里高利买了一双袜子,也必须得给达拉买一双,哪怕她根本就用不上。”

我环视了一下四周。“确实,”我说,“其他人都没遇到这样的问题,咱们这里没有谁的孩子总是不断地相互比较并且要求得到同等的待遇。”

屋内一片叹息和哄笑。

“女士们先生们,”我开始宣布,“现在大家可以从沉重的负担中轻松地解脱出来了。下个礼拜来上课的时候,我们试图揭示孩子们总是要求得到同等待遇这一现象背后的秘密。与此同时,我们也会看一下,你努力不在孩子之间作比较,究竟会带来了怎样的效果。”

忍住想要作比较的冲动

不要拿一个孩子与另外一个孩子进行比较，这样会给他/她带来不快(“你怎么就不能像你哥哥那样把衣服都挂好呢？”)，应该只跟孩子讨论他/她那些让你不高兴的行为。

1. **描述你看到的情形。**

   “我看到一件崭新的夹克被扔在地上。”

2. **描述你的感受。**

   “这令我很是恼怒。”

3. **描述需要做些什么。**

   “这件夹克应该放在衣柜里。”

不要拿一个孩子与另外一个孩子进行比较，这样会给他/她带来不快(“你可比你哥哥有条理多啦。”)，应该只跟孩子讨论他/她那些让你高兴的行为。

1. **描述你看到的情形。**

   “我看到你把夹克挂起来了。”

2. **描述你的感受。**

   “谢谢你这么做，我就喜欢看到咱们的门厅干干净净整整齐齐的。”

来自家长的故事

不拿孩子作比较这个简单的事情，实践起来却比大多数人预期的更具挑战性。这些把自己的执行情况带回到课堂中和小组同仁交流的家长们,看起来对自己非常满意,不仅是因为他们做出的事情,还因为他们克制住自己没去做某些事情。

凯拿着奶瓶到房间里去给小宝宝喂奶。我让迈克尔跟我到厨房来,问他午饭想吃点什么。他开始唠唠叨叨地发牢骚,“我不知道想吃什么……我真希望自己是个小婴儿,什么东西都是别人给准备好,连穿衣服都不需要自己动手……他们也不需要自己洗澡……甚至不需要决定吃些什么。”

在这种情况下,通常我可能会说一通数落小婴儿的话,刺激迈克尔打起精神。我会说:“是啊,不过小宝宝们不会说话也不会走路,还得穿着尿布。”但这次,上礼拜的课程内容还在我脑海中盘旋，于是我让自己看起来正在倾听他的话语。结果,我们展开了一段非常美妙的对话:

父亲:你觉得别人把什么东西都给小婴儿准备好,做个小婴儿是很有意思的事情。

迈克尔:是的,爸爸,你是不是愿意做个小婴儿呢?

父亲:(戏谑地说道)我想做个宇航员呢。

迈克尔:我们没有这个选项哦!你是会选择做个婴儿还

是不做婴儿呢？

父亲：我选择做我自己，就像现在这样的自己。

迈克尔：为什么呢？

父亲：我能做的事情可比婴儿多多了。我的选择范围更广，能够做出更多决定。

迈克尔：你的意思是说，如果你不喜欢粉红色，你就不必穿戴任何粉红色的东西？

父亲：没错。

迈克尔：你是喜欢蓝色还是喜欢绿色呢？

父亲：有时候我喜欢蓝色，有时候又喜欢绿色。就目前来说，我喜欢蓝色。

迈克尔：（想了一下）现在我想吃花生酱和果酱三明治！

昨天晚上，约翰从学校打来电话，他的声音听起来特别的欢快。他说："我刚刚拿到期中成绩，当然，跟凯伦的成绩比起来算不了什么，但是……"

我差一点儿就按以往的评判标准脱口而出："嗯，你知道凯伦学习有多用功吗，而你的兴趣更多是在体育运动上，所以，理所当然啦，你不能期待……吧啦吧啦吧啦一大串话。"

我想了一下，"不行，这次我要说，'凯伦的成绩跟你有什么关系呀？我只关心你的成绩，不会拿你们俩的成绩瞎比较。'接着我又想，'不，为什么总要扯上凯伦呢？'于是我说：'保罗，你听起来高兴极了。你肯定在期中考试中表现很不错。'"

接下来，我们讨论了他的功课和下学期打算修读的课程，而我们压根儿没有提到凯伦。

已经是晚上就寝时间了。

我：艾伦！詹妮弗！该睡觉啦。换睡衣，刷牙。（艾伦听话地照办了。）

詹妮弗：（哭哭闹闹的）不嘛，我不想去。

我：该收拾好睡觉啦。

詹妮弗：不，你帮我弄。

我：（感觉有点儿抓狂，有点儿沮丧，想大喊大叫，“为什么你不能像你哥哥那样听话照做呢？！！！”不过，我重新考虑了一下，改变了主意，走到艾伦的房间里，让自己冷静下来。）詹妮弗跟着我走了进来，艾伦已经一切就绪，准备睡觉了。

我：（对艾伦说）你全都收拾妥当啦。你一听见到了睡觉时间了，就马上换睡衣刷牙。你这么做帮了我大忙。（注意，没有一个字提到詹妮弗。）

好处：詹妮弗没有再啰哩吧嗦，自己就去更衣洗漱了。

另外一个好处：

艾伦：（从他的房间传出）你明天不用为我准备衣服哦，我已经把它们搞定啦。我很高兴能给你帮上忙。

我：谢谢你，艾伦。（对詹妮弗说）我看你准备好要睡觉啦。（注意，我没有用“也”这个字眼。）

詹妮弗看起来很得意。

马修(11 岁)总拿自己和他哥哥作比较,因此认为自己既“弱小”能力又低。然而,上个周末他的一桩行径盖过了我们全家人,堪称一枝独秀。星期天早上,我家的电动割草机坏掉了。马修无意中听到了我和他爸爸的牢骚,我们都在抱怨,新买一台割草机会让我们的账单欠账更多。几个小时后,他出现在门口的车道上,带回了一台老式的手动割草机,这是他用自己攒的钱从车库旧物甩卖市场花 3 美元买回来的。

我简直无法相信眼前的一切。我激动得语无伦次,差点儿告诉他,除了他以外,家里没人想到这个法子。我没有想到这法子,他爸爸也没有,他的哥哥——就是他眼中那个明星人物,显然也没有想到。这说明他就算没有超过哥哥,至少也和他一样强了。

我花费了很大力气才控制住自己只是描述他所做的事情。我说:“马修,你看到了,要是再买一台新割草机,我和爸爸是多么的焦虑。你想办法帮助我们,并真的弄到了一台能用的割草机,居然才花了 3 美元!”

马修面露喜色,眉开眼笑地听着我的陈述。然后,他挺起了自己的小胸脯说:“我真是个相当足智多谋的小家伙!”

了解孩子天生气质，实现因材施教！

扫码免费听《发现孩子天生气质》，
20 分钟获得该书精华内容。

第 4 章

同等却意味着更少

Equal Is Less

这是我们的第四堂课了。

推开会议室房门的那一刻，我听到了一阵阵笑声。几位早到的女士凑在一块，显然正在分享一些非常好笑的事情。一看到我，她们就招手喊我过去。刚才她们好像正在讨论我们上一堂课结束时提出的问题——是否应该同等对待孩子，大家还列举出自己公平行事时的搞笑事例。

她们还没跟我讲完自己那些稀奇古怪的经历，就被我打断了。“等一等，”我说，“要是别的组员错过这些精彩内容，那就太可惜了。”等到全组人都聚齐之后，我就让那几位女士重新把自己的故事跟大家讲述一遍。下面就是这些故事，我尽最大努力如实完整记述。

为什么没有罗伊山羊三兄弟?

我蜷着身子和我的两个儿子——比利与罗伊，一起躺在沙发上，给他们读一本我们刚刚从图书馆借回来的书。这是他们头一次听到比利山羊三兄弟和桥下巨怪的故事。他们俩都听得津津有味，故事讲完后，罗伊哭了起来。“为什么说的全是比利？为什么没有罗伊山羊三兄弟呢？”他抽抽搭搭地说。

我承诺我会努力找出一个有罗伊的故事，但是当时怎么也安抚不了他。你能想象吗？我甚至给他们讲童话故事的时候都要担心能否给他们同等对待。

剪头发的故事

我小时候,头发又稀又细,颜色棕黄,我的姐姐却有一头浓密漂亮的金色长发,垂在腰际。我爸爸看到她的头发总是大呼小叫,还管她叫"长发公主"。

一天晚上,当姐姐睡觉时,我拿了妈妈缝纫用的剪刀,蹑手蹑脚走到她的床边,没有把她弄醒,悄悄地把她的头发全都剪了下来。第二天早上,当我姐姐看到镜子中的自己,禁不住惊声尖叫了起来。我妈妈冲了进来,只看了她一眼,然后就变得歇斯底里,情绪失控。我努力想藏起来,但妈妈还是找到了我,对着我大吼大叫,并且把我暴揍了一顿。她让我在那天剩下的时间里都呆在自己房间内不得出来,认真反省自己的过错,以此作为对我的惩罚。我觉得自己心底里有一丝小小的抱歉,但并不强烈,因为至少现在我们俩平等了!

剪头发的故事之二

在我们家里,我是那个头发浓密又漂亮的孩子,而我的妈妈总是强制地要求事事平等。她认为以完全平等的态度对待我和我妹妹,我们俩之间就不会引起嫉妒了。

有一天,妈妈做出了一个决定,因为我妹妹没有一头卷发,所以我也不应该有。于是,她把我带到理发店,让理发师把我的一头卷发全部剪掉。我的样子看起来就像是一只被拔了毛的小鸡。在那天剩下的时间里,我哭了又哭,跟谁也不说话。即使到了今天,我还是很难原谅我妈妈做的这件事情。

平等的哺乳机会

我的第一个孩子降生的时候，我很希望自己能够亲自给她喂奶，但是出于医疗方面的原因，我无法实现这个愿望。几年后，当我的第二个女儿降生时，我决定也不给她喂母乳。这并不是因为当时我无法哺乳，也不是因为我不情愿给她喂奶，只是我不希望第一个孩子感觉自己的某些权力被剥夺了，不愿意让她认为妹妹享有的某些东西她却没有。在当时，这似乎是我能做的唯一一件公平的事情，现在回过头看，我感觉自己简直是蠢疯了。

永远抢不够的冰块

我永远也不会忘记那个夏日，我拖出车库里的大冰箱，把积攒了两年的冰霜一次性处理干净。身着游泳衣的孩子们看着我拿来一壶又一壶热水，把冻瓷实的冰块儿浇得松动下来。突然好像所有的冰坨都在瞬间融化了，于是我开玩笑似的将一大块冰朝着一个孩子的方向甩了过去，并且说："接着冰块儿。"马上，另外两个孩子也蹿了过来："我也要冰块儿。"

我抓起两个更大的冰块，朝着那两个孩子滑了过去。接着，最小的孩子就开始喊："他们的比我的多！"

我说："你还想要更多吗？那就再给你来点儿！"说着我把一壶冰块都扔到了他的脚下。这时，另外两个孩子又喊了起来："现在他的多啦。"于是我又把两壶冰块扔到了他们跟前。而最小的孩子又喊上了："现在他们的比我多啦。"

此时，三个孩子脚下的冰块都已经堆到了脚脖子，可他们还在吵着闹着想要更多。我一下子又把无数巨大的冰块儿都丢到了他们脚下。尽管他们已经因为冰冷伤痛而被逼得上蹿下跳，但还是尖叫着问我要更多的冰块，好像谁的冰块更多就代表着优于他人而激动不已。

这个时候，我才意识到，希望对他们事事平等的努力只是徒劳。孩子们永远不会满足，作为母亲，我永远也给不够。

每个故事大家都听得很投入，但最后一个故事却给我们带来了深深的触动。所有人都注意到了这样一个问题：当孩子们要求平等的待遇，家长们迫不得已地给予完全的平等时，情况将是一派全然的混乱荒唐。一位父亲沉思了片刻说："我知道，同等对待孩子，你会逐渐停止做一些稀奇古怪的事情。但是当孩子对你施加压力时，你该怎么做呢？"

"比如什么呢？"我问。

"比如他们可能会无缘无故地抱怨你不公平或是说你'给她的更多'，'更爱他'。"

"你可以告诉你自己，"我回答，"即使他们嚷嚷着要事事平等，实际上他们并不是真的这么想。"

他疑惑地看着我。

这是一个很难解释的概念。我给他讲了一个故事，年轻的妻子突然转向丈夫问："你更爱谁？是你妈妈还是我呢？"如果这位丈夫回答："你们俩我一样地爱。"那么他的麻烦就大了。不过，他很聪明地换了种说法："我妈妈就是我妈妈，而你是那个美丽迷人、我愿意与之共度余生的女人。"

"得到同等的爱，"我继续说，"某种程度上就意味着得到的爱更少。"得到唯一、独特的爱——也就是专属于自己的那份爱——意味着得到我们所需要的尽可能多的爱。

当然还有其他一些古怪蹩脚的表述方法。

为了帮助每个人更好地理解给予同等的定量的爱与根据每个孩子的合理需求给予唯一专属的爱之间的差异，我给大家发放了下面这些插图。

不要忧虑给孩子的东西是否完全平均

应该关注每个孩子的个体需求

不要跟孩子说你给他们的是同等的爱

向孩子们展示你对每个人独一无二的爱

给予同样的时间可能会感觉适得其反

根据需求来分配时间

我可以请朱迪来参加我的晚会吗？
你愿意就可以。还有谁吗？
妈妈，你和她聊了老半天了。我有点事情想告诉你。

你说得对。我和你姐姐聊了半天了。她的生日晚会非常重要哦。

我们必须要讨论一下邀请谁来……玩儿哪些游戏……她想准备哪些晚会用品。我们要计划的事情特别多，我得全神贯注地琢磨这事儿啊。
对啊！

我知道要你等着挺不容易。等我忙完了，我会愿意倾听你的想法的，要详详细细地告诉我哦。
在我需要的时候，妈妈会陪着我的。

看卡通插图的时候，有几个人很感激地咯咯笑了起来，其他人看起来挺郁闷的。接下来，我们进行了积极的讨论，并且引出了小组成员阅读之后关心的各种问题：

“薄饼那个情形在我们家可是司空见惯了。但如果小强尼找你要更多的薄饼，你又手头空空如也没东西给，你又能怎么做呢？”

有两位父亲举起了手。

“用大大的字体打印个字条贴在冰箱门上，上面写着‘一定记得多给强尼买些松饼粉’，如何？当然，贴完字条要照做。”

“把你自己的薄饼分给他一块儿怎么样？在我的孩子们眼里，爸爸盘子里的什么都是好东西。就在昨天，我的小女儿还抱怨她哥哥分到的豆子更多，于是我对她说：‘我把我的给你一些吧。’她数了数我给她的豆子，又捡起两颗重新搁回我的盘子里说：‘现在我把我的给你一些哦。’”

更多的人咯咯笑了出来。

一位女士有些烦躁恼怒。“要是你当时心情正好，那就没啥问题。”她这样说道，“但是当我为整出一餐满意的晚饭忙个半死的时候，孩子们却在那儿数来数去叨咕着谁的多谁的少，我根本没有耐性对他们好言好语。”

“为什么必须要好言好语呢？”另一位男士插了一句，“做得真实一些如何呢？被人指责不公平确实会感到非常不快。我就直接告诉我的女儿，如果这里有谁觉得自己分到的东西不够，我希望她能够以这种方式对我说：‘爸爸，如果可以的话，能否麻烦您再给我多一些呢？’”

“我们家的问题，”另外一位女士说，“不在孩子，而是我的问题。如果我没有给他们俩把东西分配得完全同等，我就会感到焦虑不安。每当我给格雷琴买了什么东西——比如新睡衣，而克

劳迪娅拉长着一张脸杵在旁边，这时我就心慌意乱，不知道该对她说些什么。”

“你通常会说些什么呢？”

“唔，我不知道……可能会说，‘可是亲爱的，你不需要新睡衣啊，你的还能穿呢。’”

“对于我们成年人来说，听起来非常符合逻辑，”我说，“但麻烦的是，孩子们才不会在他们郁闷沮丧的时候搭理你的什么逻辑呢。他们需要别人关注他们的感受：‘克劳迪娅，看到你的姐姐有了新睡衣，你可能是会感到很难过。即使你明白她需要新睡衣而你不需要的全部理由，你还是会感到很烦躁。’”

我转向小组其他成员，“我希望，”我说，“我没有让在座的哪一位留有这样的印象吧，就是我们绝不给每个孩子同等的东西。很多时候，这都是一件应做的正当事情。我只是想指出，如果你决定不给他们同等的东西，不管出于什么原因，其实都没问题的。没有得到东西的孩子并不会就此消沉，你对他们失望之情的理解和接受会帮助他们去面对和处理生活中的种种不公平。”

“这种做法对我的大儿子可不管用，”一位女士苦闷地说，“我知道这法子，也尝试过。可能是因为他所遭遇的情况中存在着某些极端的不公平现象，所以他纠结的不是得到东西的多少，而是在乎时间的多少。他总是愤愤地抱怨我把时间都花在了他那缺乏学习能力的小弟弟身上，甚至指责我，说我爱弟弟更甚于爱他。”

“你描述的情形非常难办，”我说，“你说得对，共情在满足孩子的合理需求方面作用颇大。我想知道……如果你和大儿子坐下来，用笔制定一个时间表，每天为你们两个人共处划出 15 分钟的时间，这样做对他会有作用吗？这 15 分钟，是你们的私人专属时间,不许别人打扰,就连电话筒都要摘下来避免你们受到骚扰。这样的做法会给你增添另一个负担吗?”

她思索了一会儿。

“我不知道,”她说,“这做法没准儿值得一试,如果他能有这样一段时间和我共处,也许就不会再乱生气了。或许他也能够知道我并没有偏向他的弟弟,因为我确实没有偏心眼儿啊!”

“但是假如你这样做了,”一位男士说,“那又怎样呢?这是我们一直在这里探讨的事情之一,我们不必担心让所有的孩子都信服我们对他们的爱是同等的。完全同等的爱从人性的角度来说也是不可能的。我敢打赌,咱们这里每个人都有自己最疼爱的那个孩子。我第一个挺身而出,我承认,我的儿子们都是棒小伙,但我的女儿更是我的掌上明珠,生命之光。”

我所有的担忧全都冒了出来。听起来,他对着危机暗藏的状况有点儿过分得意了。他是否曾经想过,如果他的孩子们都抱着这种心态,包括“他的生命之光”这样的想法,他会遭受怎样的痛苦呢?

“在我看来,”我说,“问题并不在于谁最偏爱谁。我们曾有过这样的感觉,那就是在某个时段里,比起别的孩子,我们会更偏爱某一个孩子。问题在于如何确保我们不将偏爱之心表露出来。我们都知道,当上帝对亚伯的贡奉表示出更为‘重视’时,该隐就杀害了亚伯。我们也知道,约瑟夫的弟兄们把他扔到了荒郊野外的深坑里面,只因他们的父亲更加喜爱约瑟夫并赠与他一件多彩华服。这些都是很久远之前的事情了,但是激起这些暴行的感受是永远存在并且随处可见的。”

“甚至今天,在这间房子里,”我一边继续说,一边朝给我们讲述“剪头发”故事的那位女士颔首致意,“我们也听到了一个小女孩的故事,她就是因为父亲对姐姐头发的喜爱入迷而把姐姐

的头发一举剪掉。”

“长发公主的妹妹”专注地看着我说：“实际上事情的本质是，父亲对她的每一方面都无比喜爱，他从来没有这样赞扬过我。”她的泪水在眼眶中打转，“我无法想象，到现在了我还倍感受伤。”她说。

我真想为她而流泪，同时也为所有其他眼巴巴看着父母为别的兄弟姐妹满眼放光且深知这一切永远不会发生在自己身上的孩子流泪。

“这个故事真是伤感，”我说，“我们怎样才能保护家中其他的孩子，让他们不会因为我们忘乎所以的偏爱某个孩子而受到伤害？”

室内陷入了深深的沉默。我感到非常惊奇，我认为至少会有那么几位家长对此表示抗议，坚持这个问题不适用于他们家里的情况，但是没有人吱声。又经过了一番讨论，有几位组员发表了自己的看法。

“我知道，我们满怀对女儿的骄傲之情，儿子保罗全都看在眼里，且痛苦在心里。他曾经很直白地告诉我们：‘每当丽兹说些什么的时候，你和爸爸总会交换一下眼神。’最开始，我们都不明白他要说的是什么意思。后来才意识到，交换眼神的表情其实是表达我们心声‘她简直太棒了！’既然儿子提醒了我们，我们就真正努力，不让这种情况再度发生。”

“我妻子曾对我指出，当我们全家人都坐在车里奔驰在路上的时候，我往往对女儿们毫不理会，嘴里只会说：‘嘿，马克，瞧瞧这个……马克，看看那个！’现在，我已经意识到自己言行中的不当，我会跟他们说：‘嗨，孩子们，快看那边！’”

“我必须得承认，我发现——不止一次——我身上存在着某些问题，我对我的一个女儿总是比对待其他孩子更加严厉。两个女儿可能会同时做同样的事情，对杰西卡，我会严词苛责，而对霍利，我只会轻轻地刮一下她的鼻子，她总是能让我心花怒放。我知道自己得对这个问题多加小心了。”

“根据刚才每个人的讲述，”我说，“如果我们希望不再显露出对孩子的偏爱，必须首先要注意，我们已经对此有所感受。我们要做到足够的诚实，坦承自己的真实心境。我们一旦了解了自己的偏袒之心，马上就能够把自己放置在一个保护‘不受宠孩子’的更佳位置，同样有助我们对得宠的孩子加以保护，使他/她不用再背负维护自己地位的压力，也不用再承受来自兄弟姐妹们不可避免的敌意。”

最后一位发言的女士对此并不满意。“这样我们心中的内疚感该怎么办呢？”她说，“我承认自己是个偏心的母亲，但我对此也感到很不好过。”

“这样是否会有点儿作用呢？”我回答，“你对自己说，并不需要对每个孩子的反应都有同样的热情，对不同的孩子有不同的感觉，其实很正常也很自然。唯一必须要做的是，我们应该把目光也投向不受宠的那个孩子，找出她身上的特殊之处，给予相应的关爱。这是我们能够要求自己做的事情，也是孩子们希望从我们身上得到的全部。我们应该看重每个孩子身上的独特个性并给予特别关爱，这样一来，每个孩子都会感觉自己是一个最最棒的孩子。”

没有其他的问题再提出了。

我看了看手表。下课时间已过，我们超时5分钟了。组员们还静静地坐在座位上，沉浸在内心的情绪中。我几乎能感觉到，他们正在把刚刚听到的内容与自己的家庭联系起来。没必要再布置什么作业了，他们已经开始投入到自己布置的作业中去了。

孩子们不需要得到同等的对待
他们需要的是独特的专属待遇

1. **不要给他们同样的数量。**

   “瞧,现在你的葡萄和你姐姐的一样多了。”

2. **应根据个体需求来给予。**

   “你是想要几颗葡萄还是一大串呢?”

3. **不要表露出同等的爱。**

   “我对你的爱和对你姐姐的爱一样多。”

4. **应展示给孩子你对他/她独一无二的爱。**

   “茫茫人海中,你是我唯一的‘你’,没人能够取代你的位置。”

5. **不要给他们同等的时间。**

   “我已经和你姐姐待了10分钟了,那么我也会和你一起待上10分钟的。”

6. **应根据需求给予时间。**

   “我知道我花了很长的时间检查你姐姐的作文,这篇作文对她来说非常重要。等我一检查完,我很乐意听听你要说的重要事情。”

来自家长的故事

我们收到的第一个反馈故事有大量自我反省的内容。

在上周的课程中，咱们讨论的关于对孩子们偏心眼儿的那部分内容对我产生了极大的触动。我不禁想到，杰西卡(13岁)肯定会觉得我把太多的时间和关爱都给了她的妹妹霍利(10岁)。我知道，这一切已经对她造成了困扰。但对我来说，和杰西卡相处是件相当困难的事情，她喜怒无常，你永远搞不清楚她的心情风向标会指向哪一方。每次我们进行对话，都以斗争告终。我觉得真实的情况是，我对她总是敬而远之。

自从上周的课后，我开始寻找一种能与杰西卡和平相处的方法。第二天下午，我放下手头的活儿，挨着正在看肥皂剧的她在沙发上坐下。我一个字也没说，只是陪着她一起看电视。随后的一天，我又陪她一起看电视。昨天，她叫我过来说电视剧就要开演了，节目结束后我们还对剧情展开了一番小小的讨论。这一切听起来似乎不算什么，但却是长期以来我们最亲密的状态。

接下来的几个故事是关于家长们重新解读公平之后发生的情形。最初，他们很难摆脱旧观念，就是说为了公平起见，必须

在物品、数量、时间甚至爱各个方面全都实现同等的给予。现在，根据个体需求给予孩子们独一无二的爱，家长们发现这是一条通往公平的全新自由大道。

上个礼拜外出采购时，我看到了一件带有独角兽图案的 T 恤衫，我知道格雷琴肯定很喜欢，她对独角兽爱得一塌糊涂。开始我并不愿购买那件 T 恤，我能想象得出她的妹妹克劳迪娅见到这衣服时的反应，后来我又想到的上一堂课的内容，最终还是把它买了下来。

当格雷琴打开袋子拿着那件 T 恤衫的时候，克劳迪娅看起来有点儿吃惊，但她并没有抱怨什么。

我母亲目睹这一切后也掺和了进来，她把克劳迪娅拉到一旁，悄悄说："别介意啊，我的小甜心，明天我也给你买一件新 T恤衫。"

"真是倒霉！"我心下念叨，"克劳迪娅本来没觉着她缺什么，但我妈妈这样她心里反而会别别扭扭的。"

我伸手搂住了克劳迪娅说："我觉得姥姥有点儿操心过头了。不过我们可不用这样，在这个家里，每个孩子得到的都是最适合她的东西。有时格雷琴得到适合她的物品，有时则是克劳迪娅有所收获，但最终每个人的需求都会得到满足。"我简直不相信这些话是从我嘴里冒出来的。

我母亲看起来困惑不已，克劳迪娅和格雷琴却好像明白了什么。

直到现在，我还是给达拉买了什么就一定也要给格里高利也买点东西。我一直都这么做，其实并无此必要，我实

在是被这两个小祖宗吓怕了。

昨天，我却上演了一出“明知山有虎，偏向虎山行”的戏码。我给达拉买了一个上学带饭用的午餐盒，她确实需要这么一个东西，但我什么也没给格里高利买。达拉一回到家，就对着她哥哥显摆：“妈妈给我买了个新饭盒，可没给你买哦。”

我立刻让她住口：“我可不喜欢你这样！这是炫耀，会让别人感觉不痛快的。搞得我现在都后悔给你买了那个饭盒回来！”很高兴，格里高利挺听我的话，他并没有去回击达拉。他们俩发现，妈妈不会再容忍那样愚蠢的傻事了。

本周，我遇到了两件事。我不再为保证公平而劳神，所以省下了大把精力。

事件一

到了晚上就寝时间了。

史蒂维：(4岁)妈妈，这不公平。你和麦琪待在一起的时间比和我在一起的时间长呐。你跟她说了老半天话了。

我曾想解释一番：“嗯，你妹妹今晚很难入睡，她白天睡得太多了。明天晚上我会补偿你的，多给你讲几个故事的。”但实际上我说是……

我：哦，你希望我能和你多待一会儿？

史蒂维：耶，没错！(说着他舒服地蜷在床上，安然入睡。)

事件二

史蒂维感觉不太舒服。我正哄着他在我膝头休息，麦琪(20个月大)举着手朝我走了过来要求抱抱。我的第一想法就是把史蒂维放下抱起她安抚她，但我没这么做。我说道：“麦琪，现在我需要多抱一会儿史蒂维，因为他病了。”

史蒂维眼中浮现出那种“啊哈”的神奇，好像在说：“看看，我多重要！”但让我惊奇的是，麦琪居然接受了我的话，真的在旁边等了半分钟，我才把她抱了起来。

家长们所面临的下一个挑战是，他们需要努力把自己的孩子从他们所痴迷的“平等”、“同等”和“公平”强迫症中解脱出来。从下面两个例子，你会看到一对父母如何联手帮助儿子们彼此“脱钩”的。

我们几个儿子的斗争往往在晚上就寝时间达到巅峰。扎克利抱怨因为他小两岁，就得比亚历克斯早半个小时上床睡觉。每天晚上都要上演这么一出。扎克利拒绝平息下来，他唱歌、翻跟头、跟我们叽叽喳喳说个不停，甚至在亚历克斯上床之后还跟他说话，通过制作噪音让别人知道他依旧很活跃。

这种做法激怒了亚历克斯，他觉得自己的兄长尊严受到了挑战。每当我或我丈夫企图对扎克利严厉一些时，他都说只有亚历克斯上床睡觉了他才会安静下来。

本周早些时候，我找到他们，跟他俩谈每个人在就寝时间应该做些什么，最后他们却对着彼此大吼大叫，这简直是一场灾难。

我几乎都不想管这事了，第二天我抓住了扎克利一个人，这次的经历就完全不同了。他又开始抱怨亚历克斯怎么就可以晚点儿上床睡觉。不过这次，我是有备而来的，我对他说："我们要讨论的不是亚历克斯，是你的问题。"

他说："可是亚历克斯……"

我再次重申："他是另外一个话题，我现在对他不感兴趣。我想谈谈你的情况，你在就寝时间该做些什么。"

这样谈话的方向彻底发生了扭转。他对我说自己晚上入睡很困难，接着我问是否能想到什么有帮助的东西。他说，如果能在上床之前锻炼几下，没准能够耗费点精力。他还提到，如果在"熄灯"前能与我或是他爸爸共度一段安静时光，对他或许会有帮助。就目前来看，这样的做法还是有效的。

儿子们又爆发了争吵。

亚历克斯：爸爸，您能否给他解释一下，如果我告诉他没事儿，他横穿马路是绝对没问题的。扎克利，那辆车在一里地之外呐！

扎克利：是啊，没错，一里地之外。我差点儿没让它给撞死。

父亲：亚历克斯，你对计时的把握最适合你自己。扎克利，你的时间掌控也是根据自己的情况安排的。我很高兴听到，虽然你们的意见是如此不合，但每个人对自己的判断力都自信满满的。

最后这个故事使我们了解到什么是孩子真正想从我们这儿

得到的东西，哪怕他们是迫使我们给予优先的待遇。

这个礼拜我居然就面临考试了！我的二女儿艾米(8 岁)正和我一起坐在沙发上，突然，她问我："爸爸，我们三个你最爱谁——瑞切尔、艾米丽还是我呢？"

上个礼拜我们讨论过的每一个细节都从我脑海中一一飘出。我所能够想到的话就是："亲爱的，你们每个人我都一样地爱。"很妙的说法，是不是？

但她却不买我的账。她说："假设我们全都在一艘小船上，现在船翻了，每个人都跌落水中。你会救谁呢？"

我试着在脑海中搜索出比较好的回答。"离我最近的那个。"我回答道。

"假设每个人跟你间隔的距离都一样呢？"

她还真是把我逼到死角了。

最后，我想起办法了。"对我来说，这样的情形真是太糟糕，太痛苦了，"我说，"你们每个人对我都具有特别的意义，每个人都是如此与众不同。如果我的艾米发生了什么情况，我会怎么做呢？想想可能会失去一个如此可爱的家人或交流对象，这样的伤痛叫我如何承受？我到任何地方都不可能再找到另一个可以和她媲美的人了，她是如此独特。想象那样惨痛的情形对我来说都是一种折磨。"

这样的说法果然很奏效。她看起来很满意。她再也没有问过我对她姐妹的感情如何，她只是想知道我有多么的看重她。

第 5 章

兄弟姐妹的角色

Siblings in Roles

如果他是“此”，那么我就是“彼”

已是晚间时分，明天要开始新的一堂课了，我已经迫不及待。最终，我们准备开始处理每个人都期盼已久的话题：打架。我们会用整整两个小时的时间来讨论，当孩子们陷入打斗中时，我们应该做点什么。最后我志得意满地看了一眼我准备的材料，然后把它们塞进了文件夹中。

家里的狗狗用她的鼻子猛蹭我的大腿，我不理它，它又咆哮几声，接着用头往我身上撞。“好啦，小胡椒，好啦。”我匆匆往它脖子上套上皮带，跟着它朝人行道跑了过去。两个小男孩紧紧跟着我，一边指着我们一边尖叫：“狗狗！狗狗！”

紧紧跟在他俩身后的是我的新邻居，上一次我见到她的时候，她还推着婴儿车，车里是她的双胞胎宝宝。“芭芭拉，”我惊呼，“我简直不敢相信孩子们都长这么大了。他们现在会走路了，也会说话了。当然，他们肯定也很喜欢狗狗，对吗？”

“嗯，我觉得……你看，我家这小的很想摸摸这只狗狗啊，你再看看大的，他怕得不行了，完全一副避之不及的样子。”

她的话让我有点吃惊，不知道该怎么回答才好。

“他们从一出生就这样，”她继续说，“小的这个总是风风火火的，没什么能吓住他，但大的连他自己的影子都害怕。”

我含糊地嘟囔了两句自言自语的辩解，拽着狗狗往回家的方向走。我觉得要是再多待一秒钟，恐怕我就会出言不逊啦。

她怎么能当着孩子们的面这样说呢？她是否认为他们听不到她所说的一切或是他们理解不了？她给每个孩子都限定了一个小圈圈，把他们拴在她设定的角色上，完全没有察觉到自己正在造成伤害——这不仅会伤害每个孩子的个体，也会对他们将来的关系造成损害。

回到家里后，我开始对明天的课程产生了一丝担忧。或许讨论打架问题还为时过早，我们需要讨论一下，把孩子设定在某一固定角色会让他们滋生打架的坏情绪，否则我们会在面对种种征兆时却不了解哪怕是一方面的主要诱因。另一方面，每个人都激动不已地准备迎接明天课堂上的话题，当然也包括我自己。也许让我们的组员去读一下《解放父母 解放孩子》及《如何说孩子才会听 怎么听孩子才肯说》系列丛书中关于角色定位的章节就够了，然后就此作罢。

电话铃声响起，是我大儿子打来的，他的声音听起来疲惫不堪。

“嗨，妈妈，我整个礼拜都在忙着写学术研究报告，我想喘口气休息一下，给家里打个电话。大家都好吗？”

“挺好的。我们都很想你。尤其是胡椒，它老是钻到你的房间里去找你。”

“安迪和我都不在家，它一定闷坏了。”

“我觉得它最想念的还是你。”

“为什么是我呢？”

“嗯，你是负责照料它的主力军哦。”

“其实不是这么回事儿，妈妈。安迪每天早上都喂它的。”

“我知道。但是，只有你每天都保证胡椒能好好地遛上一圈。除了你，别人谁也没法给它剪指甲或是掏耳朵。要是手里拿着块浴巾的话，你弟弟根本没法踏入它身边两英尺的地盘里。”

“也许是吧，”他的声音听起来有点儿不自在，“我不知道……好了，我得回去继续做功课了。我还得读好多好多东西。代我向爸爸问好啊。”

接着，他挂断了电话。

我无法相信自己做了什么。我着了什么魔，居然跟他说这些？为什么我非得把大卫塑造成“那个负责人”？我非要怂恿他接受一种概念，让他觉得自己优于弟弟，这又究竟是为了什么？难道因为他孤孤单单一个人待在狭小的宿舍里面而对他心怀歉疚吗？难道因为对他的歉疚沉重到我想鼓励鼓励他就以损害他弟弟为代价吗？看到邻居对她儿子们的所作所为，我还感到愤愤不平呢！

这件事情就这么结束了。关于打架问题的讨论必须要延后了。明天我们要来谈谈子女的角色问题，不过要以一种新的方式来进行。我们需要更多了解对子女设定角色的内心冲动背后的深层原因。我们需要仔细探究，不仅是探究固定角色设置对每个孩子的个体造成的影响，同时也要搞清楚每个孩子的角色对其他兄弟姐妹带来什么影响，且最终会对他们之间的关系造成何等影响。

到了第二天晚上，我焦躁地等待着组员们一一就座。

“今晚讨论打架的问题吗？”一位女士边坐边满怀希望地问。

“下周再讨论。”我回答，接着把我的邻居、我打的那通电话还有我的想法都讲给了在座的组员。

他们听着我的讲述，表情都很严肃。

“现在，大家告诉我，”我说，“你们认为是什么原因造成了某些家长一定要给自己的孩子设定某一固定的角色？我已经找到了一个可能的原因——就是误入歧途地激发孩子自尊自负的需求——哪怕是以损害其他兄弟姐妹为代价。还有其他原因吗？”

很快，他们的答案一个个都冒出来了。

“关于激发自家孩子自尊的错误需求，我猜你的那位邻居在成长过程中一定是个羞怯腼腆的小姑娘，这也就是为什么她会王婆卖瓜似的吹嘘自己有个‘旋风小子’”。

“我认为事实正好相反，我们往往会将自己的弱点投射在我们的孩子身上，设想他们和我们有相同的弱点。我自己就是这样一个人，总是指责儿子是个‘拖拖拉拉的家伙’，其实我自己才是世界上最最拖拉、永远临时抱佛脚的那个人。”

“我们总认为自己对每个孩子都了如指掌，并且沾沾自喜。有时候我会管我的儿子叫‘守时的保罗’，取笑我的女儿叫‘爱迟到的丽兹’，这算是一种家庭玩笑吧。”

“我觉得，咱们给自己的孩子安插了不同的角色，原因在于我们希望他们每个人都感觉自己是与众不同的。我不知道这样做到底对不对，但我告诉我的三个孩子：‘你擅长阅读，你妹妹数学很棒，你哥哥很有艺术天分。’这是一种对他们每个人表示独特认可的方式。”

突然，有人举起手，“我刚刚弄明白了一些事情，”一位女士说，“并非只有父母才给孩子们进行角色分工，孩子们本身也会给自己设定角色的！”

小组成员们立刻转向她，倾听她的想法。

“情况就是这样。孩子扮演‘乖宝宝’的角色，就能得到关爱和赞同。”

“他们也可能会选择‘坏小子’的角色，这也是一种吸引他人注意的方法，哪怕是嫌恶的关注。”

“此外，孩子们都是机灵鬼，他们知道某些特定的角色会给他们带来相应的回报。家中的‘小丑’角色就算犯了错误，也不会受到惩罚，那种‘无助无依’的孩子，能够让所有人都帮他把事情安排妥当。”

又是这位女士，再次举起了手。“我们还没有提到这样一种情况，就是孩子们会给彼此套上固定的角色！这跟家长任何关系都没有！”

我请她就此给我们解释一下。

她思索了片刻说：“我给你们举我家的例子吧。我的大儿子，个头矮小，瘦骨嶙峋，总是吹嘘自己有多么多么强壮，还管他的弟弟叫‘软骨头的小瘪三’。我的小儿子，身子骨好像麦克卡车那样结实，却对他哥哥的话深信不疑。他认为自己就是弱不禁风，还做出种种懦弱的表现。你要是让他提或是扛个什么东西，他总是会说‘太重了’。他对自己本身的力量一无所知，如果他的哥哥继续这样为所欲为，一意孤行，他就永远也不会认识到自己的真正力量。”

我们就这样坐在那里，完全被这庞大而又复杂的局面搞得不知所措——我们给孩子安排了角色，孩子们自己给自己设定了角色，甚至还给彼此都锁定了角色。

一位男士举起了手：“我能吹毛求疵一下，唱个反调吗？”

我们全都把身子转向了他。

“如果说在家庭中把孩子设定为某种角色是一件自然而然发生的事情，这背后或许存在着某个我们尚未谈及的充分理由呢。”

“比如说什么理由呢？”我问。

“比如，假设你有一个孩子，全家人都把他/她奉为家里的智多星。这个孩子是不是就会在学校中更加刻苦地学习，取得更加优异的成绩，并且最终获得更美好的前景呢？我想说的是，角色设定也有其优势所在。”

立刻有三位愤怒的组员开始发言，“你先来讲吧。”我指向了一位脸色已经憋成甜菜红的女士。

“没错，这样做对于那些享有特权的幸运孩子来说确实是有好处的，”她轻蔑地说，“这对他/她来说不啻为天大的好消息。但是其他的孩子怎么办呢？他们会被自动划归到二流的行列当中。”

第二位女士也加入了她的阵营：“看看把一个孩子捧到其他孩子地位之上所带来的敌对情绪吧。我哥哥可以说是我们家族的荣耀门面，别人遇见我的母亲，总会滔滔不绝地感叹，‘你儿子简直帅呆了！他看起来跟罗伯特·雷德福一样精神！……哦哦，这是你的女儿啊，她挺可爱的啊。’”

“听到这些话，我并没有因此而恼怒。但我希望你们知道，多年以来，直至现在，我都一直不断在梦想着，有一天我和哥哥沿路而行的时候，他的脸蛋会突然被一把巨大的胡桃夹子给夹上一夹。”

屋子里响起一片喘气声和大笑声。

等到组员们都安静下来后，第三位女士开始了自己的陈述：“我可以用自己的经验告诉你们，对于被安插上荣耀角色的那个孩子来说，也不是什么快乐的事情。它带来的是无穷无尽的压力。我父母总是夸我是最‘有责任心’的孩子，我也努力让自己不辜负他们的期望，但这让我付出了很大的代价。直到今天，我的弟弟妹妹都还维持在过去那种不能自立的状态，我整个人都陷入了无数家庭问题的旋涡中。”

现在，小组中几乎每个人都把手举了起来。每个人都想讲述一下自己在成长过程中被安插上的角色带来的影响。每个人

的故事都有着相同的模式,但又存在着彻底的差异,每一个故事都有自己的意义所在。一方的角色似乎也能对其他人做出定性:“我总是邋里邋遢的,我哥哥却是个‘清洁能手’。”……“我是个超级捣蛋鬼,而我妹妹是个自命不凡的谦谦伪君子。”

一旦场景设定,各方角色就禁不住把自己带入戏中:“如果他们总是说我‘野性难驯’,我还真得表现出点儿狂野劲儿来。”……“既然人们总盼着我是个不修边幅的‘邋遢大王’,那么我不会让他们失望的。”

这样的情况往往会造成兄弟姐妹之间的敌对状态:“我讨厌哥哥被叫做‘小能手’,在他旁边我永远是个蹩脚的孩子。”……“我姐姐那火爆脾气可真够招人讨厌的,搞得我不得不充当一个冷静沉稳的孩子。”

即使各种角色并非直接对立,但孩子们还是会根据他人的情况被定性——或是自己对自己做出定性:“我没我姐姐那么受欢迎。”……“我可不是我哥哥那样的领袖人物。”

这样的情况往往会引出“直到今天”这样的字眼作结尾:“直到今天,我们俩之间的关系还是挺紧张的。”……“直到今天,我们还是没法扯上关系。”……“时至今日,我觉得,如果我不是那样一个搞笑的孩子,而是井井有条、责任心强,情形恐怕就不是现在这样了。”

最后一个人的经历跟大家分享完毕后,我们全都静了下来,对刚才听到的内容细加琢磨。有人说:“如果家庭中的每个子女各自担当的角色都能够丝丝入扣地相互配合,全家人形成一个和谐的整体畅快运转,这样的愿望可能会实现吗?”

“我想应该可以,”我答道,“但我们也需要让孩子为步出家庭以外的生活做好准备,生活要求我们肩负起多重角色。我们要学会如何关心他人以及如何感受他人的关心,如何担任领导又如何做好下属，如何做到严肃正经又如何适度狂热，如何在混乱中生活又如何理清万事。为什么要对孩子加以限制呢？为什么不鼓励他们把握机会，发挥自身潜能，激发出他们从未想到的自己拥有的力量？”

我精彩绝伦的演说并没有触动那位坚持反调论的男士。“你说的那是理想状态，”他说，“咱们来面对现实吧。人既有与生俱来的能力，也有先天局限。我的大女儿就是一个天生的音乐家。她只有10岁，已经能够弹下来海顿整首的D大调协奏曲。小女儿则对音乐没什么天分，所以我们引导她走上了体操之路。”

即使他想证明自己的观点正确，也用不上找一个如此差劲的例子吧，我真是找不出比这更糟的范例了。他的一席话触动了我一段尘封多年的儿时记忆。这段经历又重新浮现在我眼前，鲜明生动，仿若昨天。于是我从头开始，把整个故事完完全全地讲述给他：我父母满怀骄傲地给孩子们买回了一架桃花心木钢琴，看着弹琴的姐姐，我也渴望有一天自己达到年龄要求去上钢琴课。但是在我真正上课的第一年里，那个钢琴老师不断地说我是“最差的学生”，但是，我根本不在乎他的批评和自己的笨拙，只是自顾自连续好几个小时没完没了开开心心地弹奏我仅会的几首简单曲子。最终，我父母认真商量了一番，讨论我是否“值得”继续接受钢琴课辅导。

不需讨论，我已经知道了结论是什么，我的姐姐才是“音乐家”。也许父母会找到点儿什么其他适合我的活动。我没有抗争，接受了他们的决定。他们做得对，我再怎么努力，学习钢琴弹奏也只能进展缓慢，困难重重。

然而，与音乐擦肩而过对我来说是个极大的损失。岁月流转，我越发怀念旧时浸淫在音乐中的时光。我根本没法听我姐姐

的弹奏,每一个音符的响起对我来说都是一次创伤。

没人的时候,我会偷偷拿出自己过去的教材,试着自学弹奏钢琴。我甚至还取得了一些进步, 最终, 这项任务还是太过艰巨,我只得放弃。音乐与我无缘。

那位男士凝视着我,他看起来好像要说些什么。此时,另一位女士用颤抖的声音说:“8 岁的时候,父母开始让我上钢琴课。我的小妹妹总是看着我练琴,每当我练完的时候,她就会坐在钢琴旁边,试着模仿我的样子。后来,有一天,她走到钢琴前,没有上过一堂课的她, 居然弹出了我花了一个多月时间才费力学会的那首曲子。此后,我停止了练琴这项活动。我告诉妈妈,我再也不想上钢琴课了。”

“你妈妈就任由你放弃练琴了吗？”我问。

她点了点头。

“我想知道, 如果你母亲没有接受你的决定, 而是对你说:‘我觉得你没有理由放弃哦,你似乎挺喜欢弹琴的,并且你也在不断进步呢。’情况又会是怎样呢？你会怎么回答她这番话呢？”我问她。

“可能我会说:‘你这样做是在浪费钱。鲁丝弹得更好。我练的整首曲子她都会弹了。’”

我继续以她母亲的口吻对她说:“亲爱的, 我知道你对此很泄气,可鲁丝弹得如何跟你完全没有关系的。别人学会某首曲子是快是慢并不重要。重要的是你给音乐赋予了他人不会赋予的含义。重要的是你从弹琴中获得了快乐,我可不希望你放弃这份快乐。”

她拭去了眼角的泪水,“这一切真是把我的感受全说出来了。”她说。

“我知道,”我对她说(哦,伙计们,我可是真的知道哦！),“很多小孩的公平机会被剥夺,就是因为他/她的某个兄弟姐妹在这方面本领高超。”

此时,我对着整组成员说:“确实如此,有些孩子生来就天分极高,这些天分当然应该得到认可和鼓励,但是不能以伤害其他兄弟姐妹为代价。当某个孩子在某一领域显露出他/她的特殊才能时,我们应该多加小心,不要把其他的孩子排除在这一领域之外。我们一定要小心措辞,不要说‘他是我们家的音乐家’……‘她是小学究’……‘他是体育健将’……‘她是艺术家’这样的话来。只要是可以付诸努力参与其中的领域,就不应该由某个孩子独占。我们希望能让自己的每个孩子都清楚,从学业、舞蹈、戏剧、诗歌、体育中获得的快乐人人都可体会,并非只为那些天资聪颖的人所专属。”

有些人在小声嘀咕,表示反对。

“我希望下周我们可以利用今天所学的内容,”我对所有人说,“看看我们的孩子们,不论出于何种原因,是否有谁担任了某个角色,考虑一下怎样才能把这个孩子解放出来,使之自由地彻底实现他/她自己最希望达到的那种状态。”

突然间,我想起来了。“噢,不对!”我惊呼,“我都给忘得一干二净了,我答应你们下个礼拜的整堂课都用来讨论打架问题的!”

那位“吹毛求疵先生”比划出来的手势让我放下心来。“没问题啦,”他说,“这样一来,他们还可以再多打上一个礼拜的架啦。这一点很重要。”

放手让孩子作出改变

父母研讨会每次在开始时总是进入状态很慢。经过一周的忙碌生活，人们需要时间把自己的思绪重新拉回到小组的研究情境中。

不过这次可不一样，组员们很快就从上周的讨论线索入手，进入状态，好像他们只是刚刚从茶歇中回到教室里一样。

“您上周布置的作业，我思考了很久，并且在我们家规定，谁也不能把某一角色的帽子强加在别人头上。星期天，我把孩子们介绍给新来的牧师，我说的是：‘这是我大儿子，这是我二儿子，这个是我的小儿子。’我甚至连他们的名字都没提！我不得不承认，这就是我对待他们的方式。我很宠爱我 5 岁的儿子，因为他年龄最小；我对二儿子则是不亲不疏，搞得他有点儿像夹心饼干的那层夹心；至于 10 岁的大儿子，我得一天到晚跟在他屁股后面收拾，他正处在像个无头苍蝇一般讨人嫌的年纪。”

“我明白你的意思，”一位父亲说，“自从凯怀上小宝宝，我就发现自己总是逼着迈克尔像大人一样做事。昨天晚上，我说他已经是个大孩子了，应该自己换睡衣了，他看起来很不高兴，对我说：‘爸爸，难道你不觉得在内心深处我还是个很小的孩子吗？’”

“上周我们刚好没有讨论这个问题，”有人说，“这种现象显而易见，我们总是按照孩子们的排行顺序来选择如何对待他们。”

“有时，我们还会根据自己的排行位置来决定如何对待他们。”

我们全都看着她，彻底被搞迷糊了。

“我尽量长话短说吧，”她说，“作为姐姐，我总是把自己的小弟弟当成个烦人的跟屁虫。后来，每当看到我儿子骚扰他姐姐的时候，我就会感到非常焦虑不安，马上骂他是个‘跟屁虫’。我觉得我把自己和我的女儿等同为一体了。”

“而我丈夫——他在家中是排行靠后的小弟——和我的反应截然相反。他把自己和我们的儿子等同起来，总把儿子当成受害者，指责女儿对她的小弟弟‘自私小气’。在我丈夫的记述中，我们的女儿是‘压迫者’，儿子则是‘被压迫者’。”

这个问题引起了全体组员的兴趣。有几个人坦白，他们的情况也如此，他们往往把角色身份与自己成长过程最为对应的孩子等同于自己。很快其他人又指出，我们没必要非得专门从一段既往史中找出哪个孩子是压迫者，哪个是被压迫者。在他们交谈的故事中，有的孩子真的是坚忍低调，有的则是实实在在的“小气鬼”、“耗子精”、“小霸王”。

“谁能给我举个例子吗？”我向大家发问。

“说说我的两个女儿吧，”一位女士说，“我知道这简直让人难以置信，但是确实，那个3岁的小鬼头才是真正的独霸一方，她会从姐姐手中抢夺东西，抓她，咬她……而她姐姐就像个迟钝的笨蛋一样坐在那儿，默默接受这一切，她甚至根本没有去做出一点儿防卫。看到这样的情景，我真是心疼死了，我根本不知道该做些什么。”

“你通常怎么做呢？”我问她。

她尴尬地笑了起来。“可能我所做的完全是大错特错吧，”她说，“我对小女儿说她的表现不好，让她离开房间。”

“这样做肯定把她气坏了吧，”我补充道，“而且过一个小时她还会回来照样折腾。”

“的确是这样！”这位女士惊呼，“通常都是一分钟之后她就回来了。但除此之外，我又能做些什么呢？我必须制止她这样做，对吗？”

“完全正确。不过我们应该采取一种不会让任何一个孩子的角色气焰得到增强的方式来处理这个问题。”

为了使她讲述的场景更加真实生动，我让她来假装她 3 岁大的小女儿，我扮演妈妈的角色。有没有哪位志愿者愿意当这里的姐姐呢？有人应征当选。我们把情景再现了两次。第一次，我把全部注意力都放在了 3 岁的“攻击者”身上，没有理会她的姐姐。第二次，我则把自己的注意力转移到了姐姐身上。下面就是我们上演的情景。

别把注意力放在惹麻烦的人身上

把注意力放在受伤的一方

扮演自己3岁小女儿的那位女士感到大为惊愕。“效果真是大大不同啊！”她说，“第一次，当你冲我大吼并抓着我摇晃的时候，我心想，‘太好了！现在妈妈真的属于我了！’但是到了第二次，当你把全部注意力都放在了我姐姐身上的时候，我心里想，‘其实不值当这么做的。我以后再也不会这么做了！’”

“但是假设你误解了孩子们呢？”另外一位女士说，“我姐姐总是打我，因此我妈妈就认为她是个恃强凌弱的小恶霸。可我妈妈并不知道，其实每次都是我故意把我姐姐激怒，她才打我的，这样她就会陷入麻烦中。可是这一切我妈妈从来都不知道。”

听了这个故事，有几个人禁不住咧嘴咯咯地笑了出来。显然，这种情景并不常见。

“这是另外一个很充分的理由，”我说，“我们不要去给孩子们设定角色范围。哪怕是第一现场的目击者，也很容易得出错误的结论。”

有两个女儿的那位母亲摇了摇头。“可能是这样，”她说，“我认为，每个孩子天生就有某种秉性，作为父母，无论做什么，都不可能对此有一丝一毫的改变。我的两个女儿从一出生就个性迥异，她们俩就好像黑夜和白天，性格上毫无交集。小的那个总是不停地惹人讨厌，而大的那个……”

我没有再往下听，我很清楚下面她要说些什么，曾经我对她的看法完全赞同。我暗中叹了口气，我该怎样才能让她明白呢？简要地说，我考虑过介绍一下我的两个儿子的故事，最终决定不这么做了，那是一段我不愿再回想的记忆。

房间内好像突然变得很压抑，那位女士继续滔滔不绝地讲述着她女儿那亘古不变的性格特点。最后，她得出结论：“所以，想改变人类天性的念头就好比是鸡蛋碰石头一样，根本无法实现。”

我环顾了一下房间四周，希望找出一位持不同观点的成员，但是一无所获。他们坐在那里，一副逆来顺受听天由命的样子。我想："好吧，那就这样吧，继续往下。"

"曾经我也有和你一样的感受，"我缓缓地说，"尤其是在我的孩子们年纪尚幼的时候，我认定我的大儿子是个天生的恶霸，我的小儿子则生来可爱温顺。每时每刻，都会冒出各种新的证据来证明我的想法是正确的，大卫似乎一天比一天更加自私小气，日复一日，安迪看起来变得更加脆弱、更加可怜、更加需要我的保护。"

"故事的转折点发生在儿子们分别在大约 10 岁和 7 岁的时候，当时我正在上吉诺特博士的课程，他讲述了一些如何对待孩子的内容，他的观点是，不要根据孩子的现实面目来决定如何对待他，而应该以我们希望他们变成什么样的状态来选择对待他们的方式。这个理念对我的思想是一场革新，它使我用全新的角度来看待我的两个儿子。那么，我希望他们变成什么样子呢？"

"得到答案并不容易。我必须要对自己说很多话，'诚然，大卫可能是挺小气的，而且喜欢挑衅，但他也能够待人很亲切，克制自己，以和平的方式获取自己想要的东西。他这些品质是需要肯定的。'"

"与此同时，我知道，必须要放弃安迪是个'受害者'这样的想法——我要把贴在他头上的这个标签从我脑海中彻彻底底地清除出去。我对自己说，'我们家里再也没有受害者了，有的只是一个需要学会如何保护自己并且寻求尊重的男孩。'"

"我努力转变思想带来了奇迹般的效果。每当看到儿子们按我的期许行事，对我来说，都好像有奇迹降临。这段故事的一部分收录在了《解放父母 解放孩子》这本书中。不过，我没有着笔记录的那部分内容，现在讲给你们听。"我深吸了一口气，我可不愿意在下一节课里继续旧事重提了。

“故事发生在星期六的早晨,孩子们在厨房里闲荡,我正在准备早餐,心里美滋滋的,觉得他们哥儿俩处得如此融洽都是我的功劳。我往旁边瞟了一眼,看到大卫手里正举着一把汤匙放在我刚刚端开一壶开水的电炉线圈上烤着。突然,他对安迪说:‘想知道有多烫吗?过来。’当安迪靠近时,大卫一把抓住他,把火红滚烫的勺子按在了安迪脖子裸露的皮肤上。”

“安迪疼得大声哭喊,我也吓得尖声惊叫,大卫跑出了厨房。我想尽办法小心料理安迪的伤处,努力让他安抚下来。然后,我回到卧室,坐了下来。”

“我感觉自己一生中从来没有经历过如此沮丧消沉的情绪。大卫所做的这一切,实在是太冷酷、太残忍、太工于心计、太深谋远虑,太过恶毒了!我居然还相信他,我简直就是个大傻瓜。无论我看到他表现如何,其实本质上他一点儿都没有变,他天生就带着邪恶的劣根性,完全就是坏蛋一个。他跟我没有丝毫相像之处。”

“接着,我听到了敲门声。敲门的是大卫。”

“我几乎无力提起自己的声音,‘你想干什么?’我问。”

“他一言不发,只是走进了房间,然后站在那里,整个人看起来瘦瘦小小,惊慌失措。”

“我的身体里冒出了一股力量,我不知道它从何而来?我听到自己在大喊:‘小伙子,你这么做是不是太蠢了!蠢透了!蠢透了!蠢透了!你让我想起了你的斯图舅舅。’”

“斯图舅舅?”

“对,就是你亲爱的斯图舅舅。他带你去钓鱼,而且待人和善。但在我小的时候,作为他的妹妹,他对我可没什么好脸。有一次,他把我大脚趾那撕裂的脚趾甲活生生地扯了下来,我的脚趾呼呼冒血，痛得简直死去活来，他却让我答应他回家不告诉妈妈。”

“大卫听得目瞪口呆，‘他为什么要这么做呢？’”

“‘因为，在小孩子们成长的过程中，他们会乐于在彼此身上做试验，做些疯狂、愚蠢而又残忍的事情，但这并不意味着这些孩子就是疯狂残忍的人。’”

“大卫在我面前整个变了样。他做出了很可怕的事情，应该彻底受到谴责。但如果他的妈妈过去没有把他看成一个残忍的小怪兽，如果他那有过极为自私行为的舅舅能够彻头彻尾地改过自新，那么他也许还有重新改正的希望。”

“大卫离开房间之后，我坐在床上，让这番情景在我脑海中翻来覆去地过了一遍又一遍。我突然想到，采用另外一种观点看待大卫，只是我们所追求答案的其中一部分。要想找到另一部分答案，则需要他做出不同的表现，且在做出不同表现时坚守准则。这正是需要他在生活中从成人那里学习的东西。”

“一周之后，他又在试探我。他在起居室里跟着弟弟转来转去，使劲儿逗弄他，想把他惹哭。这次我没有陷入绝望，没有揪着肩膀把他拽开，也没有追着他到处跑或是眼睛死盯着他。‘大卫，’我凶巴巴地对他说，‘你完全有能力做个和蔼亲切的孩子，表现出来吧！’”

“他不好意思地笑了出来，有点儿窘迫，但是没有再去折腾他弟弟。”

小组里的每个成员似乎都被我的故事给迷住了。“我被打动了，”说话的是那位坚持天性盖过教养这一观点的女士。

我直接对她说：“你的观点的前一部分没错，孩子们生来具有各不相同的性格特征。但是作为父母，我们有能力对这些个性特征施加影响，在天性的塑造方面给予一定的协助。我们应该明智巧妙地对自己的力量加以运用，不要再给我们的孩子指派那些会让他们倍受挫折的角色了。”

这位女士面露难色。“可我都不知道该从哪儿下手？”她说，“我该怎么处理呢？如果我效仿你在儿子身上做出的转变，在我的两个儿子身上也这样做，我需要掌握更多内容才能实践。”

一位父亲说：“现在我开始明白了，这是件颇为复杂的事情。如果你想帮助一个孩子做出改变，你要准备好让另外的孩子也做出改变。”

我有个主意：“咱们来举个例子吧，还是同样的家庭，两个孩子，角色性格完全不同。咱们来看看是否能够找个法子，让他们俩全都从角色设定的圈圈中解脱出来。”

“好的。”他说。

“我们拿什么来举例呢？”我提出了问题。

他毫不犹豫，脱口而出：“就用你刚才谈到的那个场景怎么样？一个孩子爱欺负人，而另一个总是受害者，我们家的儿子和女儿就是这么个状况……大家其他人都同意这样做吗？”

每个人都忙不迭地表示认可，恨不得举双手同意。显然，恶霸/受害者这样的组合是个相当常见的现象。

我思索了一下如何设定我们的练习架构，既然上周我们得出了这样的结论：一个孩子在家庭中的角色主要由三方面来决定——父母、其他兄弟姐妹以及孩子自己，这样，这三者中任何一方做出伤害的时候，将其隔离出片刻时间独处，应该会是有效的做法。然后，我们可以看一看，能否做些什么，使情况得到改善。我们的任务具有双重目的：一方面，让恃强凌弱的孩子产生同情怜悯之心；另一方面，让扮演受害者角色的孩子真正强大起来。

下面就是我们通过卡通插图展开的练习内容。

不要把孩子当成暴徒

家长不要把孩子当成"暴徒"

帮助他认识到他可以换用文明的方式

当另一个孩子把他当成"暴徒"时

家长可以让孩子们了解到哥哥的另一面

当孩子认为他自己就是个"暴徒"

家长可以帮助他看到自己善良亲切的一面

不要再有受害者

家长不要把孩子当成"受害者"

迈克说我必须把自己的新悠悠球拿给他玩儿！

可怜的宝贝。你哥哥又欺负你啦？

教她如何自己解决争端

当另一个孩子把她当成"受害者"时

家长可以让孩子们了解到妹妹的另一面

当孩子把她自己当成"受害者"时

家长可以帮助她看到自己潜在的力量

谁也不要再给孩子设定角色

1. **孩子的父母不要给孩子设定角色。**

   不要这样:强尼,是你把弟弟的球藏起来了吗?为什么你老是这么讨厌呢?

   父母应该说:你弟弟想把他的球要回来。

2. **孩子不要自己给自己设定角色。**

   强尼:我知道,我就是这么讨厌。

   父母:你也可以变得很亲切善良啊。

3. **孩子的兄弟姐妹不要给他/她设定角色。**

   妹妹:强尼,你可真够小气的!爸爸,他不愿意把他的胶条借给我。

   父母:试着换种方式跟他说呢。你可能会因为他的慷慨大方而大吃一惊呢。

如果强尼打了自己的弟弟,那么应该关注的是弟弟,不要去责骂强尼。

父母:肯定疼坏了。咱们来揉揉。强尼应该学会如何用语言来表达自己的想法,而不是挥拳头!

对于范例练习,我们感到十分满意,同时也吃惊我们竟然花了如此长的时间。经过一番思考,我们才总结出了一句能够帮助孩子双方以不同方式看待自己的话。

我看了看表,还剩半个小时。我们这堂课的话题已经研究得足够深入了,现在可以把我们的各种想法合并归纳一下。我把自己在家中准备好的“时刻提醒自己”卡片分发给大家,让每个人舒展一下四肢,暂时休息5分钟。

不再有问题小孩

房间空了下来。有些人走向喷泉,还有些人分散站在走廊里闲谈。我坐在桌前,浏览着笔记,琢磨着下面应该讲些什么。实际上,所有重要的主题我们都涉及了,还扩展到了一些更远更深入的范畴当中。我考虑着是不是可以早点儿下课了。

突然,我意识到自己并不是孤军奋战。一位女士站在我的桌前,等着我抬起头来。她看起来焦虑不安,“我能私下跟您谈谈吗?”她低声说。

我示意她坐下。

“整场讨论都让我非常心烦意乱”,她说,语速相当快,“大家的意思是,任何一个孩子都可以从某个设定的角色中抽身出来。实际情况并没这么简单。如果是一个因为身体存在严重问题或是身有残疾而备受折磨的孩子呢?残疾本身就是一个角色符号,没有人能让一个孩子摆脱这个符号。”

对她所说的内容,我不是太肯定。

“这也不是任何人的错。”她继续说,声音有些颤抖,“不是家长的错。我没有给我儿子带来学习障碍,也不是他的兄弟姐妹造成的,他只是自己不能正常完成学习任务。不管怎么说,反正他陷入了自己的这个角色当中，没有人能让这种情况得到改变！”

这真是个严重的问题。今晚不能提前下课了。

“请等一下，”我对她说，“你所说的对于我们所有人来说都是值得深思的重要问题。你愿意把自己的想法和大家分享吗？”

“我觉得他们可能不愿……我可能是这里唯一一个这样的家长……好吧，如果你希望，我愿意和大家一起分享。”

当我们重新落座之后，她把刚才对我说的内容大致向小组其他成员重复了一遍。

他们若有所思地聆听着她的讲述，用体贴的话语鼓励她再多透露一些细节。

“唔，”她有点儿勉强地说，“每当内尔搞不清楚某些问题的时候，他就会在屋子里面晃来晃去，乱踢一气，嘴里骂骂咧咧，制造出奇怪的噪音，还会嘟囔他自己有多么多么的笨。他认为自己在学习方面是个低能儿。这就是他的角色。每一天从早到晚，他都是这么折腾过来的。”

大家不安地在椅子上调整了一下姿势。我也感觉有些别扭。我本来以为，这位女士出于本能不愿意把自己的痛苦境况，暴露给这些可能根本无法理解她所经历的一切的外人。这屋里每个人的家里，孩子正常，问题也寻常。

另外一位女士举起了手，边思索边慢慢地发言：“我非常熟悉你说的情况，我的儿子乔纳森患有脑瘫，无论我们多努力地帮他，他还总会因为自己无法做到的事情而垂头丧气。他总是怒气冲天——对我，对他爸爸，对他姐姐，但最多的怒气还是指向他自己。我可以这么说，他的个性问题很大一部分都是因为脑瘫引起的。”

大家安静了下来，屋内陷入了一种困境中。这两位母亲讲述的问题似乎太过极端，使我们这里讨论的任何一种技巧都没有用武之地。

有人非常温和地问乔纳森的妈妈："你的女儿对这一切作何反应呢？"

"哦，詹妮弗是个好孩子，非常懂事！她很少对我们提要求。"

几乎每个人都感觉宽慰了一些，有一位男士，却皱着眉，面色阴沉。

"我知道，她肯定非常懂事，"他嚷嚷着说，"但是不应该让她整天因为要做个懂事的孩子而惴惴不安，这对她不公平，她还只是个孩子，她应该畅所欲言地提出要求。她不应该为了补偿弟弟蒙受的伤害，就让自己的童年在蹑手蹑脚中度过。"

有几个人惊恐地看着他，因为他言辞的冷酷刺耳而备受惊吓。他没有理会，继续对乔纳森的母亲陈述自己的观点，"我的弟弟体弱多病。他 7 岁的时候得了哮喘，13 岁时又长了溃疡。我的父母只要一想起或是一谈起唐纳德，说的肯定都是他的病情如何如何。'唐纳德的哮喘今天好些了'……'唐纳德的溃疡今天又恶化了'。我需要什么，无足轻重。我永远也不会忘记自己 14 岁时的那件事，我找父亲要钱去看电影。他对我勃然大怒，他说：'你弟弟病得这么重，你怎么还有心思去看电影！'"

乔纳森的妈妈显然陷入了痛苦之中。

"瞧，"他继续说，"我并非想说你们讨论的法子一无是处，但是对待那些'懂事'的孩子，不要采用这类方法，根本不会有用的。他们总要保持懂事的状态，肩负的压力非常沉重。孩子们应该有权享受普通正常的生活——他们的普通需求和身患疾病的孩子的需求是同样重要的。"

"我就是在身边有个残疾妹妹这样的环境中长大的。"另外

一位女士哀伤地说,“你所说的字字句句,我都了解。”

她的话让我着实吃了一惊。显然, 这里不止一个人有着和身患严重病症的兄弟姐妹直接接触的经历。

“我的父母,”这位女士继续说,“一直让我觉得,由于我身体正常,不值得受到关注。对我的妹妹,他们则是从头到脚服侍得很周到,因为她需要坐轮椅。我总感觉,她要极力表现得比自己的实际情况更加不能自理,无依无靠,利用这点来得到更加优厚的待遇。如果我想要什么东西, 妈妈和姥姥就会说:‘你自己也不嫌寒碜。你妹妹比你需要的东西多多了。’她们还会琢磨为什么我对妹妹不是那么友善! ”

“嗯,”我慢慢说,努力将刚刚听到的内容吸收消化,“看起来,情况显然是这样的,当某个孩子无论出于什么原因被看做是‘问题小孩’的时候,某些特定情况就会出现”:

- **“问题小孩”会变得问题更多。**
- **肩负重担的父母会开始对“正常的”孩子提出要求,以此来对“问题孩子”做出补偿。**
- **身体正常子女的需求被抛到一边,置之不理。**
- **身体正常子女会开始对问题孩子心生怨恨。**

“究竟,”我继续说,“你们是如何跟一个你所怨恨的兄弟姐妹保持良好的关系呢? 有时候你们可能还会因为对他们的那份怨恨而心怀内疚。”

“你不明白,”那位男士说,“这才是症结的关键所在。”

我的大脑一片空白,“你认为解决方法是什么呢? ”我问他。

他情绪激动地回答:“正如我们一直以来着重强调的那样:不要给孩子强加角色。把他们当成完整的人看待就好了。为什么身有残疾或身患疾病的孩子就一定与众不同呢? 我的弟弟唐纳德除了有哮喘和溃疡以外其实就和正常人一样。”

妹妹坐轮椅的那位女士以同样激昂的情绪说："我想说，请把所有的孩子都当成正常人来看待吧。哪怕是那些身体存在严重问题的孩子。除了我们给他们机会做的事情，他们能够做的事情其实很多很多。"

他们的声音回荡在教室里，透出无比的坚定。这理论听起来相当精彩，但是，实用吗？要我们把孩子当做正常、无恙的人来看待——尤其是在他们正努力向我们展示自身的"问题"时——这样的想法切合实际吗？这个问题看起来面临的挑战极其巨大啊。

"咱们来看看这问题能否得到解决。"我对整组成员说，"就采用你们刚才提到的那些情景——患有脑瘫的孩子因为遭受挫折而尖叫不停，患有学习障碍的孩子因为自己的问题而垂头丧气，坐在轮椅上的孩子极力让自己看起来更加无助，更加可怜——看看咱们是不是能够把这些孩子都当做彻底'正常的'孩子来看待。"

口头讨论已经够多了，下面就是我们进行的练习。

不再有“问题小孩”

不要关注孩子的弱点　应关注他们的强处

不要

肯定他们的强项

不要

肯定他们的强项

不要

肯定他们的强项

通过我们的实践与讨论，小组内开始形成一种新的观念。有几个人努力想把这个理念用语言总结出来，你一言我一语地彼此交换着意见：

“我现在理解的是，基调是由父母定下的，他们应该清楚地表明，这个家里面不存在‘问题孩子’。”

“我们有些人可能会有更多需求，或是面临更多挑战，但我们都需要让自己原本的样子在别人眼中得到认可。”

“我们每个人都能成长，也都能做出改变。”

“并不是说我们不会遇到任何困难，而是我们会在每个困难出现的时候勇敢面对，积极挑战。问题的关键是相信我们自己。”

“还要互相信任。”

“并且要互相扶持，就好像一个团队。因为这才是家庭的真谛。”

我的目光扫过整间教室，几乎可以看得出人们脸上那坚定的神情。这堂课，我们种下了一颗重要的种子，我期待着它会结出什么样的成果。

不要把正常的孩子也当做“问题孩子”看待

他们需要：

1. **自己的沮丧情绪为他人所接受：**

   “这一点儿都不容易。太令人灰心了。”

2. **对于他们做出的成果，无论缺点多多，都应得到赏识。**

   “你这次更进一步啦。”

3. **在专注于寻求解决方案的时候，得到帮助。**

   “真是够难的。你在遇到这类情况的时候，会怎么做呢？”

来自家长的故事

种子已经扎下根了，把孩子从僵硬死板的角色桎梏中解脱出来，作为父母的我们，应在自己能力范围之内作出努力，这个念头在每个人的脑海中盘旋不去。一瞬间，孩子们仿佛可以变成任何样子，毫无限制。根据我们的小组成员汇报，在他们暗下决心，要以全新的眼光来看待自家孩子的时候，家中却发生了一些他们未曾想到的情况，让他们措手不及。

克劳迪娅还是个小孩子的时候，就有条有理。她这种小孩，不需要别人提醒，就会主动把自己的积木都捡起来，按照大小顺序一一收好。与她相反，格雷琴则是个彻头彻尾的糊涂虫，总是忘东忘西的。她从来不会把东西收拾好，而且永远是什么都找不到。这个周末，我看到餐具室乱得一塌糊涂，简直惹人生厌，差点儿就自然而然地脱口而出："过来一下，克劳迪娅，你可是我们的好管家。你来收拾一下吧。"

但我没有那么做，反而走向了格雷琴，对她说："格雷琴，我受不了餐具室这个乱劲儿了，必须得收拾一下，你能帮我一块儿干吗？"

她答："好的。"接着就把所有能搬的东西都从餐具室里搬了出来——箱子、袋子、坛子、罐子，还有各类器皿用具。我当时紧张坏了，"她从来没有收拾过这样的烂摊子，估计最后还得我来打扫战场。"

但是，这孩子不仅干得全情投入，还把每个架子全都刷洗干净、每一样东西全都码放得井井有条，这才停下手来。她甚至还在抽屉里给我的杂货袋找了个栖身之地，这样一来，我们可利用的空间比以前还要多。

你能相信这一切吗？我那乱七八糟、糊里糊涂的小鬼头（开玩笑啦），竟然把任务完成得如此漂亮！

我们总是对迈克尔说，他有多么的“成熟懂事”，觉得这样对他颇有好处。家里四口人——妈妈、爸爸、我们的小大人，还有小宝宝。但是上周之后，我和凯进行了一番长谈，最后一致认定，我们的做法剥夺了迈克尔本应享有的那份童真的体验。比如说，当小宝宝开始爬的时候，我们就会说：“嘿，看她走的！”还会大惊小怪地哄她一哄。而当迈克尔也在地板上跟着小宝宝爬的时候，我们却制止了他并且告诉他，大孩子不应该再这样做了。

于是，我们开始投入了一场战斗。我们所做的第一件事情，就是把那些我们惯用的标签统统丢掉，再也没有什么“小大人”和“小宝宝”之分了，我们只称呼他们“迈克尔”和“茱莉”。这做法还真挺有效的，昨天，茱莉坐在我一边膝盖上，迈克尔则爬上了我的另一条腿。他开始上蹿下跳，还念叨着：“我是超级宝宝！”接着，他望着我，想看看我作何反应。我冲他微笑，并对他说：“嗨，你好，超级宝宝！”从那以后，他最喜欢的游戏就是坐在我的膝盖上，扮演刚从医院回到家中的超级宝宝，假装走走跳跳，说说笑笑，跑跑闹闹，游来游去，真是可爱透顶！

这是我头一次帮助哈尔(我家的小小暴力分子)和蒂米(总受欺负的那个)尝试用不同的眼光来看待自己。

卧室里传来了令人心烦的噪音,我查看了一番,发现哈尔正骑在蒂米身上,蒂米整个趴在地板上,一脸坏笑。我差点儿忍不住吼出来:“哈尔,你给我站起来!马上站起来,你这个傻大个儿,你想压死他啊!”但是这次,我长了个心眼儿。

我:(努力让自己的声音听起来自然一点儿)嗯,蒂米,有这么个哥哥教给你如何在不太粗暴的情况下闹着玩儿,挺幸运的哈。(哈尔看起来一副吃惊的样子)

我:蒂米,你也够结实的,居然撑得住,不错不错。(现在轮到蒂米看起来满脸惊愕了)

我离开了卧室,满心祈祷。

接下来的几分钟,我听到了“砰砰”、“嘭嘭”的声音,但是没人尖叫。接着,蒂米挂着泪珠进了厨房,哈尔紧跟在他身后。

蒂米:他弄疼我了!

我:(并不确定自己能否坚持得下去)告诉哈尔,这样他就知道下次不能用那么大力气了。

蒂米:我告诉他了!

我:再跟他说一遍。告诉他,如果他不听你的,你就不跟他玩儿摔跤了。你说疼的时候,他必须得停手。哈尔又不笨,他能明白你的意思。

他们俩互相望了一眼,跑回了卧室。几秒钟后,我听到了一声震破耳膜的尖叫。我拔腿飞奔,跑向卧室,还没到门前,就听见……

哈尔:对不起啊。我说对不起!你打我一拳吧。嗷!别

这么狠啊。过来，我来教你怎么使锁臂拳吧。

又是一阵砰砰砰，接着，什么东西塌了的声音！

我打开房门，书橱整个给撞倒了，所有的游戏碟和图书撒了一地，到处都是。

我：我要发疯了！你们俩就会给我惹麻烦！不把整间屋子给我恢复原样，你们俩就别腆着脸过来见我！

他们俩内疚地咯咯傻笑，然后开始把地上的书一本本捡起来。

头一次，他们俩站在了同一阵线——难兄难弟啊。

我皱着眉，气鼓鼓地离开了卧室，但是心里却乐开了花！

一旦父母注意到自己的言行态度把孩子限定在了某一角色，他们就会注意子女间的对话及相互评价。在这堂课之前，他们或许并没有注意到一个孩子可能会对另一个孩子产生成见，因而现在他们拒绝放弃这种做法。下面就是一些记录在案的故事中的对话节录。

比利：（站在他弟弟罗伊前面，面对着我）我才不像罗伊呢，他总是羞答答的，我见了别人都会问好的。

母亲：听起来你很喜欢和别人打招呼哦。罗伊要是打算和别人打招呼，他也会那样做的。

亚历克斯：妈妈，扎克利也太挑食了吧，金枪鱼肉他尝都不尝一口。

母亲：扎克利知道他自己爱吃什么。他要是想吃什么，自己会去尝的。

菲利普：（对他的小妹妹说）死丫头！

父亲：咳，我可不爱听自己的孩子满嘴"死"啊"死"的。如果你不愿意让凯蒂咬你的泰迪熊，就给她拿个磨牙的玩具呗。

凯伦：妈妈，我把午饭钱弄丢了。

姐姐：又丢啦？

凯伦：这不是我的错啊，我的兜儿里有个破洞。

姐姐：你也太粗心大意了。

母亲：我不这么认为哦，凯伦。我觉得你需要找个安全的地方放你的钱。

最后，家长们终于确信，一个承担负面角色的孩子会对所有孩子之间的关系带来损害，于是他们调整自己的努力方向，力争找出有益于每个孩子的因素，以及有益于他们所有人组成的这个家庭的因素。

我最小的女儿瑞切尔总是特别喜欢黏着人——现在更是变本加厉，因为我和她妈妈离婚了。她的姐妹们老是叫她"小跟屁虫"或"讨厌鬼"，这样的做法只会把情况搞得更糟。我想知道自己对此能做些什么，突然我想起了在大学时上过的一堂人际关系课中，曾做过一个名叫“力量轰炸”的练习。我们每个人都必须写下自己所欣赏的同学身上的三个特质，当我看到别人写我的那一串词句时，那种美妙的感觉真是难以忘怀。

到了下一周，我和女儿们一起共度周末的时候，我让她们都拿上枕头，跟我一块儿坐在起居室的地板上。我向她们解释，今晚我们要做一些特别事情。我们每个人轮流说出在我们中间，自己所喜欢的人的三样特质，大家所说的内容我会一一记录下来，每个人的情况单独记在一张纸上。我告诉她们，活动从瑞切尔开始。

艾米说：“瑞切尔待人友好。”

我说：“我们这个活动的要点是，找出瑞切尔身上一些在你看来非常特别的地方。”艾米插嘴说：“我喜欢瑞切尔走进屋子时的感觉，她乐呵呵地给我介绍一个她正在看的搞笑节目。”

瑞切尔开始露出笑容。

“再说一个吧。”我说。

“我喜欢瑞切尔让我给她读书时，她倾听的样子。”

我又继续收集了六条关于瑞切尔的评价，接着，开始评价其他的女儿。大家的评价越来越细致。她们会这样说：

艾米丽：我喜欢艾米玩洋娃娃时候的想象力，她还会给洋娃娃讲一些有道理的话。

艾米：我喜欢艾米丽讲究礼仪，比如，她会说，“麻烦你把土豆递给我。”

瑞切尔：我喜欢艾米丽在我情绪低落的时候走进我的房间，对我说，“怎么啦，瑞切尔？”并且她还会伸出胳膊搂着我。

我们做出的评价越多，她们对彼此的热情就越高涨。后来，艾米问："我们能不能也说一说我们喜欢自己身上哪些地方呢？"

我答道，"当然可以。"接着在每个女儿的单子上添加了更多内容。

艾米：如果有流浪猫受到惊吓，我会悄悄地跟她说话，把她安抚下来。

艾米丽：我喜欢自己教瑞切尔玩游戏的样子。

瑞切尔：我喜欢我自己梳头发的样子。

在那个周末剩下的时间里，没有人再对瑞切尔指手画脚。我注意到，在她们离开之前，每个女儿都仔细检查，确定把关于自己的那份清单塞进了随身的小旅行袋中。

当乔纳森（4岁半）还是个小婴儿的时候，我们发现他患上了运动失调症。我们清楚，全家人都需要做出很多调整。出人意料的是，对我们来说，最困难的事情就是要放弃我们热衷的户外活动。在那之前，我们完全就是个运动之家。比尔和我都是背包族，我们8岁大的女儿詹妮弗则是个运动高手，她的协调性极佳，平衡能力也超强，溜冰、打网球、游泳她样样在行，而且是她们小学跑得最快的孩子。

詹妮弗有时候会求我们俩在周末带她出去滑冰，通常我们有一个人会带她出去，另一个人必须要留在家里陪着乔纳森。我们尽力跟詹妮弗解释说她的弟弟没法参与那些常规活动，她还是抱怨乔纳森“把一切都搞砸了”。

上次课程结束后，我意识到，我们目前这样的做法——总是死盯着乔纳森不能做哪些事情并且还要求詹妮弗理解她弟弟的情况并非寻常，其实对他们双方都是一种伤害。星期六早上，我们举行了一次家庭会议，我告诉大家，从现在开始，我们家里会建立起一套“新标准”，我们家的生活会有别于其他家庭，但遵循的是属于我们自己的标准。每个家庭成员的一切，大家都要无条件地完全接受。每个人都可以根据自己的意愿，或是自己的能力状况，决定是否参加或是参加某一部分的家庭活动、户外活动及体育活动。然后，我们换好衣装就出去滑冰了。

詹妮弗是第一个冲进冰场的，她在冰面翩翩起舞，行动如风，仪态万千。接着，乔纳森也走上了冰面——他穿着租来的全套滑冰服，戴着头盔，身子前面带了个垫子，后背也绑了个垫子(是用他爸爸的腰带缠住的)，两个大人一左一右地扶着他。

我们花了 15 分钟的时间才陪乔纳森绕着冰场滑了一圈儿，但是他已经欣喜若狂了。詹妮弗从我们身边飕飕地飞驰过去差不多至少得有 20 次，每次都大声呼喊着鼓励弟弟的话语。当我们离开冰面的时候，乔纳森朝我们做了一个无比畅快的咧嘴大笑，并对我们说：“伙计，我敢打赌，你绝对没有想到我能滑得如此出色吧！”

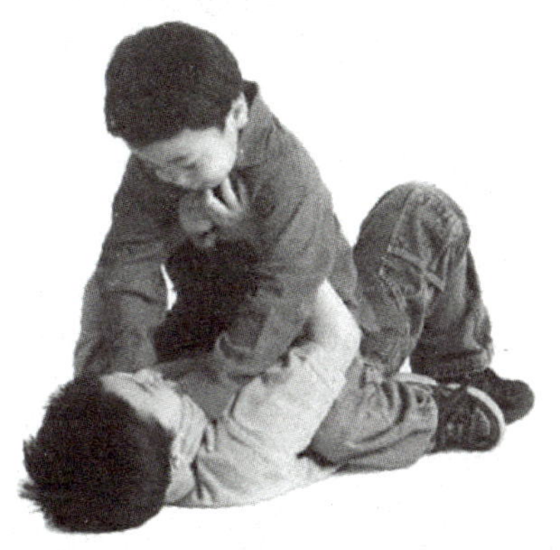

—— 第 6 章 ——

孩子打架的问题

When the Kids Fight

如何适当介入并给予帮助

最后，终于讲到打架这个问题了。

“真的现在就开讲了吗？”一位女士发问，“不会再推迟了吗？自打第一堂课开始，我就一直盼着这一刻的到来呢。”

“不要告诉我你的孩子们还在打个不停哦！”我故作惊恐的样子，跟她开个玩笑。

她好像没有开玩笑的心情。“打的倒是没有过去那么多了，”她诚实地说，“我采取了很多不同于以往的措施，他们显然相处得融洽多了。但是每当他们打架的时候，我真是麻烦大了，根本不知道如何解决。”

“当孩子们打架的时候，通常别人会告诉我们怎么做呢？”

“置身事外，别管他们。”几个人几乎是异口同声地说。

“还有别的吗？”

“让他们自己的事情自己解决吧。”

“为什么？”

“因为一旦你开始介入的话，孩子们就会一而再再而三地希望你掺和进来。”

“而且，如果你总是帮他们解决争执，他们永远也学不会自己平息问题。”

“那么，”我说，“似乎大家都一致认为这是个好主意啰，也就是说，在任何可能的情况下，不要理会孩子们的口角争吵，并且告诉自己，孩子们在处理分歧的时候能累积经验的。”

为这堂课打开话匣子的那位女士对我的总结并不满意。“我说的可不是那种斗斗嘴的小打小闹，”她说，“我指的是那种大喊大叫，骂声震天，东西乱飞的场面。这种状况我没法坐视不理。”

“我们今晚将要讨论的就是这种情形。”我说，“也就是如何在我们认为必要的情况下有效地介入孩子们之间的斗争。不过首先，我们应该花上一点时间问问自己，是不是有些造成打架的原因至今我们都没有提到过呢？这一点非常重要。”

我曾对一组专家提出过这个问题，他们的回答接二连三地向我袭来：

“我的女儿会为了争东西而打架——她拥有的东西是她的，她哥哥拥有的东西也得是她的。”

“我的孩子们是为了争夺领地而打架——爸爸，他的脚伸到我的地盘里头来啦！”

“我知道，过去我总是为了让爸爸站在我这一边而跟我姐姐打架，为的就是证明爸爸爱我更多一些。”

“也许扯得有点儿远了，但我认为，有时候不同性别的子女会把打架作为一种表现他们应对彼此性别意识的方式。这是一种有助保持安全距离的方法。”

有几个人挑了挑眉毛，但没有人表示出反对意见。于是我们的清单继续往下扩充：

“有时候孩子们之所以挑起战斗，是因为他们生自己的气但又没人能让他/她出气泄愤。”

“或者是因为他们生某个朋友的气，又不能揍他一顿，所以他们就选择了揍自己兄弟一顿。”

“也可能是因为在学校挨了老师的训。”

“又或者是因为他们实在没别的事儿可干。我儿子和他妹妹就是这么没事儿闲得打架玩儿。他纯粹是出于无聊，才去招惹妹妹的。他会说：‘知道吗？你的腿要掉下来啦！……知道吗，你刚生下来的时候其实是一只小狗哦！’”

“我儿子拼命折腾他的弟弟，这样他就会感觉自己像个成功的大人物。有一次，他招惹弟弟的时候，我略带挖苦地对他说：‘儿子，折腾你弟弟难道很有意思吗？’他回答：‘是的，这让我感觉自己力量十足。我是为了踢足球比赛才来积蓄力量的。’”

“我们家的孩子们则是因为喜欢看我掺和进来忙得不可开交的样子才打架的。我才把他们哄上床两分钟的工夫，就听到一个孩子大喊‘妈妈妈妈，他在我身上乱蹦乱跳！……妈妈妈妈，他到我房间里来啦！’我飞一般地跑上楼梯，嘴里喊着‘怎么回事儿？都给我住手！住手！住手！’这样的情况持续了几个星期，后来我才搞明白到底是怎么回事。最后，他们终于跟我承认，他们俩其实是通过使劲儿击打两人房间之间的那堵墙来假装打架的样子。他们做这一切，就是为了让我一晚上往楼上跑六趟。他们觉得这样好玩儿极了。”

不少人哄堂大笑，有人咕哝了几声，还有人叹了口气。

“我们家的情况没什么可笑的，”开场发言的那位女士说，“我儿子做的有些事情，简直都快把我吓死了。有一天，他们俩互相朝对方丢分量很重的大木头块儿。把他俩拉扯开并遣返回各自的房间后，我头疼欲裂，不得不立刻躺下。接下来，我在头上搭一块毛巾躺在床上，就听到他们俩哈哈大笑又开始一起玩耍的声音。那时我就琢磨：‘他们倒好了！他们不吵了，我算高兴了。但我的偏头疼又犯了……’”

“对付这种头疼的问题，我们倒是有点儿法子。”我说，“我们先来看看孩子们打架时我们通常都会作何反应吧。”我邀请两位志愿者到前面来——一位扮演哥哥，另一位则扮演他的小妹妹。

“我来。”一位男士站起身来说。

“我也来。”一位年轻女士一边朝前走一边说，“我也是我们家里的小妹妹。”

我首先对“大哥哥”说：“你差不多8岁大。早上一直下着雨，下了很久，你想找点事儿干。突然，你的眼光落在了一堆旧积木和一组动物玩具上。(我递给他一兜积木和一兜塑料动物玩具。)这些东西都是给小小孩儿玩的，不过你心里已经有数了！你打算建一座动物园，也许还会有供猴子居住的丛林以及养海豹的池塘……创意无限，潜能无边。”

扮演哥哥的男士坐在地板上，开始摆弄他的动物玩具，很快搭起了基本的架构。就在他搭积木时，我把“小妹妹”叫到一旁，对她低声耳语：“这天早上你也是什么事儿都没有。你已经很久都没有玩过这些无聊的积木或动物玩具了，但当你看到哥哥好像乐在其中，就扑通一声坐在了他的旁边，对他说，‘我也想玩儿。’”

我回到了自己的座位上，大家都等着看即将上演的戏码。

战火似乎一触即发。

妹妹：我也想玩儿。

哥哥：不行。我在盖动物园呢，我想自己弄。

妹妹：(抓起斑马和两块积木)只要我想玩儿，我就能玩儿。

哥哥：不行，不许你玩儿。还给我！

妹妹：我就能玩儿。这是我的！

哥哥：我先拿来玩儿的。

妹妹：我想要，就是我的。爸爸也把它拿给我玩儿来着。

哥哥：（拽着她的手，逼着她张开手指头）给我！

妹妹：嗷！你弄疼我了！

哥哥：我说过了，还给我！

妹妹：妈妈妈妈，他弄疼我了！让他住手！妈妈快来啊！

我转向在座的各位家长。"处在这样的时刻，你通常会怎么做呢？不要压抑你自己的想法，直接告诉我你脑子里冒出的第一个念头。"

"我会跑过去让他们住手。"

"我会把玩具拿开，让他们回各自的房间去。"

"我会跟他们说，他们的行为跟动物没什么两样。"

"我会尽力说服他们好好一起玩儿，要懂得与人分享。"

"我会打破沙锅问到底，找出究竟是谁先挑的头。"

"我会站在大的这一方。毕竟是他先拿这些玩具玩儿的。"

"我会向着小的，并且告诉年龄大的孩子可以找些别的东西玩儿。"

"我会跟他们说，他们打架这事儿令我很恼火。"

"我会告诉他们，我不在乎谁先挑衅，我只想让他们赶快停下来。"

我说："我们的时间很有限。我希望你们能够重复一下自己刚才对这些'自以为是的孩子们'所说的话，这样你们就能够听到自己的话语是如何对他们产生影响的。"

诸位家长一次一人地走到仍在争个不停的孩子面前，希望通过自己的"大道理"来终止孩子们的战争。每个人陈述完毕之后，“孩子们”就会做出他们的反应。下面这些卡通插图就是当时情况的再现（你会看到同一位父亲一个接一个地不断尝试各种方法）。

无益于解决孩子争吵的回应

无益于解决孩子争吵的回应

当我们进行到练习的收尾阶段时，大家痛苦地意识到，对付孩子吵嘴的一般策略只会给他们带来更多的挫败感和忿恨的情绪。

下面我要示范给大家的就是家长们可以采用的另外一种方法。首先，我描述了一下自己计划好的、打算在介入孩子争执时，时时刻刻坚持不忘的各项步骤：

1. 首先，表明已经了解孩子们对彼此的愤怒。仅这一条就能够帮助他们冷静下来。

2. 以尊重的态度聆听每个孩子的解释。

3. 表示出对问题困难程度的认可。

4. 表达出对他们能力的信任，相信他们能够找出一个双方均能接受的解决方案。

5. 离开房间。

下面照旧，我们继续沿用以往的卡通人物造型，描述我们尝试在行动中实践每一步骤时所发生的情况。

如何对争吵中的孩子作出有帮助的回应

孩子们自己把问题搞定

嗯，我先想到的。那是我的点子。
我只是想给你帮帮手。

我不需要任何人帮忙。
那我能玩这个斑马么？

不行，我需要这个斑马。你拿个牛玩儿吧。
我需要几块积木做牲口棚。

你简直是个麻烦鬼。好吧……给你三块积木。

我的牲口棚搭好啦。现在我能看看你的作品吗？
可以，不过别出声。

当我们的练习结束时，我让“孩子们”跟我说说他们对于我的介入有何更多的反应。

哥哥：我觉得你对我挺尊重的，并且对我有信心。我还很赞同你那个解决方案，就是应该对我们双方都公平的说法。这就意味着不是我必须做出让步。

妹妹：我觉得自己长大了很多。不过还好，你离开了房间，如果你没离开的话，我可能会在你面前演一出戏，开始大吼大叫了呢。

现在，到了组员们向我发问的时候了。

“假设孩子们在如何解决问题上连最最模糊的概念都没有，又该怎么办呢？我的两个孩子肯定会怒目而视，瞪死对方的。”

“在那种情况下，你可以大大方方很随意地提上一两条简单的建议，然后离开。比如说：‘你们可能希望轮换一下吧……或者是一起玩这些东西。你们商量商量吧。你们会有主意的。’”

“可是，如果他们努力想把问题解决掉，但还是忍不住对彼此大吼大叫，该怎么办呢？接下来又该如何做呢？”

我再次像母亲一样对那些“自以为是的孩子”说，“我会做出一些你们或许并不乐意看到的事情。我会决定谁来干什么。哥哥，你可以继续盖你的动物园。妹妹，你跟我来，和我一起玩儿。今天晚饭后，咱们仨得好好谈谈。我们要制定出一些规章制度，这样在一个人玩儿得正欢而另一个人想加入进来的时候，会有章可循。”

下面这条意见来自于那位患有偏头疼的女士，“可我们还是没有解决这个难题啊，就是孩子真正面临受到彼此伤害的危险时，应该如何解决？”

“我们现在就来解决这个问题。”我对她说，“你走进房间，发现自己的小儿子正站在椅子上，威胁着要把一辆金属卡车丢向他的哥哥。大一些的那个孩子则举着棒球棍恐吓弟弟。”“就是这种情况，”她喊，“我的孩子们之间总会发生这样的情形。”

“很不幸，”我说，“我也遇到了这样的问题。下面我分发给你们的这些插图，展示的就是一些不止一次挽救了我和我儿子生命的技巧。”

大家迫不及待地伸手找我索要资料。

当争执将要造成伤害时

1. 描述

2. 设定极限

3. 将他们分开

“我之所以对这些技巧青睐有加，”我说，“源于我利用它们时体验到的力量。我大着嗓门严厉地描述自己看到的他们的所作所为，着实把他们震住了，也制止了他们。我坚信，我们家不允许互相伤害这条制度压制住了他们对彼此的怨气。最后，我看到他们为拥有关心自己、希望保护他们不受伤害的家长而心怀感激。”

“你的孩子真幸运，”一位男士可怜兮兮地说，“我的成长过程中，真是受够了我双胞胎哥哥的欺负与镇压，我父母对此完全坐视不理。他们会探头看看起居室，看到我正挨揍，却什么反应也没有，都不问一声。对他们来说，这不过是‘孩子们的小打小闹’。我一直在想：‘他们怎么能这样放纵他呢？为什么他们就不去制止他一下呢？’而那些本领强大的家长们则会换种做法——你知道，他们会找到那个打人的孩子坐下来，让他知道，在任何情况下，他都不能拿别人当做练拳的沙袋。不过这样的情形一直没有发生，或者说没有以那样一种对他产生作用的方式发生过。”

“有没有一种可能，”另一位男士说，“你父母根本没有意识到发生了什么？没准他们认为你们只不过是在打闹着玩儿呢。我知道自己的孩子们是个什么德性，有时候，嬉戏打闹和大打出手只是一线之隔。我也并非总能搞清楚他们到底在干些什么。”

“如果你分不清楚的话，”我说，“坦率地问问孩子们会是个很好的主意，你可以问他们：‘你们是在闹着玩儿，还是真的在打架呀？’有时候，他们会回答：‘就是闹着玩儿呢。’两分钟后，你就会听到有人号哭。这个信号提醒你，应该返回来跟他们说：‘我看到了，现在已经变成真正的打架了，还确实造成了伤害，这是我不允许发生的现象。你们赶快给我分开。’”

“但如果他们当中有人说，‘只不过是闹着玩儿呢’，另外一个人则对你说，‘不是，根本不是闹着玩儿。我们真的打了起来！他都把我弄伤了。’这时候又该怎么办呢？”

“这时候你就要把握机会临场发挥了，”我回答，“你可以趁此机会，建立起家庭中的另一套‘居家守则’：只有双方都同意，才能闹着玩儿。如果有谁不喜欢打闹嬉戏，就必须停下来。建立起这样一种价值观——任何孩子都不能把自己的快乐建立在他人的痛苦之上，是非常重要的。”

“要是我的爸爸妈妈当初能了解这些就好了，”一位女士说，“我对童年时代最最崩溃的回忆就是我的哥哥们摁着我，对我施行他们口中所谓的‘发痒酷刑’。我被弄得哈哈大笑，上气不接下气。我的父母对他们的行为居然听之任之，毫不干涉。他们觉得这样做每个人都能找到乐子，却从来没有人问问我的感受，看我是否愿意接受这样的对待。”

“我有点儿糊涂了，”另外一位父亲说，“这堂课最开始的时候，咱们一致认定对孩子们打架的事情应该置之度外，但自那之后我所听到的一切又都是说我们应该介入其中。我感觉自己听到的是两套完全不同的说法。”

“这两种说法都有各自的道理。”我对他说，“孩子们应该享有自行解决彼此间异议的自由，也有权在必要的时候让成人介入其中。如果某个孩子为另一个孩子所伤，无论是肉体还是言语上，我们都应该介入到事件中。如果哪个问题扰乱了整个家庭秩序，那么也必须要介入。如果某个问题反复出现且迟迟无法找到解决方案，我们也必须要介入。”

“但是，这两者之间还是有所不同的——我们介入，并非为了解决他们的争端或是作出判断，而是为了打开封锁的沟通渠道，让他们能够重新回到解决问题继续相处的轨道上来。”

“如果他们办不到的话，又会怎样？”他这样问。

“这种情况也有可能，”我回答，“有些问题在很大程度上都受情感因素的操控，以至于孩子们无法自行解决，这时候就需要有一位不偏不倚的成年人出现在他们面前。这正是下一周我们将要探讨的内容——我们如何帮助孩子们解决棘手问题。”

“与此同时，你也掌握了一系列可以尝试的新技巧，我相信，你的孩子们一定会给你大把机会实践的。”

“等一下，我跟你们说，瞧着吧，”一位女士说，“这个礼拜，就为了要故意气我，他们也不会打架的。”

她的丈夫欠了欠身体，宽慰地拍了拍她。“亲爱的，就咱们家这几个家伙，你没什么好担心的啦。”

如何处理打架问题

第一级:普通的斗嘴。

1. **不做理会。考虑一下你自己下一次的假期安排。**

2. **告诉自己,孩子们正在经历解决冲突的重要体验。**

第二级:情况升级。成人介入其中可能会有所和缓。

1. **表示你明白他们正处于愤怒之中。**
   “听起来你们俩彼此气得不得了呀!”

2. **表明每个孩子的观点。**
   “这么说,莎拉,你希望继续抱着狗狗,因为它只有在你怀里才能安静下来。而比利你呢,你觉得该轮到你抱狗狗啦。”

3. **以尊重的态度描述问题。**
   “这可是个麻烦事儿哦,两个宝宝,但只有一只狗狗。”

4. **表明你对孩子们自己找出解决方案的能力抱有信心。**
   “我相信你们俩能够共同找出一个对你们双方都公平的解决办法,而且对小狗狗也公平。”

5. **离开房间。**

第三级:局面可能会造成危险

1. **查问:**

   “你们是闹着玩儿呢还是真的打起来了?”(闹着玩儿可以,但不允许打架。)

2. **让孩子们知道:**

   “只有双方都答应,才可以闹着玩儿。”(如果其中一方不乐意,那么就应该停止。)

3. **尊重你的感受。**

   “你们可能是玩玩罢了,可是对我来说这也太粗暴了。你们应该找个另外的活动。”

第四级:情况着实危险!必须要有大人介入。

1. **描述你所看到的情景。**

   “我看到两个怒不可遏的孩子几乎就要动手互相伤害对方了。”

2. **将孩子们分开。**

   “你们俩待在一起太不安全了,得先冷静一阵子。赶快的,你回你的房间,你回你的房间!”

如何适当介入并安然抽身

新的一堂课开始的时候,我们进入状态颇有点儿困难。一些组员滔滔不绝地给大家讲述自己在处理孩子打架问题时的方式和效果比起以前是多么的迥然不同，其他人则希望从我们上周课程结束时候的情况入手,继续展开。

两个对立阵营,气氛有点儿紧张。

一位父亲露齿笑着号叫:“打架！打架！”

另一个人重重捶打着桌子喊:“我想发言……我现在就想发言！”

我顺着他的情绪说:“有的人迫不及待地想跟大家讲述一下,上周自己利用新技巧所带来的有效成果。”

“没错！”他吼着。

“你们有些人,”我一边说,一边转向屋里的其他人,“有点儿不耐烦了,希望能够得到更多的指导,不想再听什么故事了。你们希望得到更多信息,好知道如何处理孩子们的打架问题！”

一群人齐声附和:“没错,耶！”然后是笑声一片。

“遇到这样的情形,我们该怎么做呢？”我向在座的组员们问。

最后，大家心平气和地一致认为，我们应该摆出“成熟人士”的姿态,不要得意忘形,失了风度。我们决定先来对付那些比较棘手的问题,在下课前留出20分钟的时间让大家讲述自己的故事。

“上个礼拜,”我开口说,“我们得出的结论是,有些孩子之间可能会存在意见的分歧,要自行解决这些问题实在非常困难。但是,我们这些成年人往往不把孩子们的争吵当回事,把他们当做‘小家伙’遣散开,希望他们的争执就此平息下来。我们应该

注意到有一点非常重要，那就是兄弟姐妹之间的有些问题是无法‘烟消云散’的。这些问题会一直存在，并成为孩子们的压力来源，让他们整天对此念念不忘。”

“我是怎么知道这些的呢？因为我访问过的那些年轻的孩子们曾痛苦地告诉我，兄弟姐妹对他的所作所为给他带来了多少郁闷烦恼。”

我拿起自己的笔记本，翻到我整理的一份清单。“这里只是给你们念几个例子，都是孩子们的原话，看看他们是怎么说的吧：

‘我姐姐总是跟我大呼小叫的，好像她是我妈妈一样。’

‘每次我忙着做家务的时候，我哥哥都大摇大摆地闲坐一旁。他说这些活儿就应该我来做，因为我是女孩。’

‘我哥哥说我唱歌太难听了，绝不许我在家里放声歌唱。’

‘我妹妹折腾我，骚扰我，搞到我忍不住打她，结果我的麻烦就来了。’

‘我弟弟对我的宠物特别粗暴。他揪着我的沙鼠的尾巴把它提了起来，然后又摔到地上。’

‘只要父母一出门，我哥哥就会摆着架子支使我干这干那，要是我不按照他说的去做，他就会伤害我。’

“当我向这些孩子问，他们是否曾经试着告诉父母自己的困扰和麻烦时，每个人的答案都不约而同的是‘他们根本听不进去我说的话’，或者‘他们说我小题大做太难伺候’，或者‘他们跟我说让我和哥哥自己把问题解决掉’。”

放下笔记本，我抬眼看到了几张满是忧虑的面孔。

接下来，大家展开了长长的讨论。我们向自己提出了几个挺难回答的问题：怎样才能克制住自己最初的抵触情绪，认真地面对孩子的问题呢？怎样才能让自己倾听孩子们的述说，并让他们愿意倾听彼此的心声呢？

下面是我们最终共同总结出来的一套流程（我们用的是前面提到的那个女孩的事例，即她哥哥总在父母外出时支使她干活并且对她造成了伤害）：

帮助孩子解决困难的冲突

1. 召集相关各方碰头，将会面的目的解释给他们听。

“现在家里这种情况搞得大家都很不开心。我们应该看一看做点什么，让每个人的情绪都能好一些。”

2. 告诉每个人基本的原则是什么。

“我们之所以召开这个家庭会议，就是有些事情把简妮搞得很心烦。首先，咱们来听听简妮怎么说——谁也不要打断她。她说完之后，我们听听比尔的看法，当然我们也不会打断你的。”

3. 记录下每个孩子的感受和关心的事情，把这些内容大声读给他们双方听，以确定你正确理解了他们的意思。

“简妮说我们外出不在家的时候，她感到非常害怕。她说比尔对她很凶，上次就把电视给关了，把她从沙发上轰走，还伤了她的胳膊。”

“比尔说他关上电视是因为简妮看电视时间太长了，而且不听他的话。他觉得自己只是轻轻拽了她的胳膊一下，不可能会伤到她。”

4. 给每个孩子时间来辩驳。

简妮：我胳膊上青一块紫一块的，完全能证明你把我弄伤了。并且我看的那个节目还有5分钟就结束啦！

比尔：那块青紫的瘀伤老早以前就有啦，那时候节目才刚刚开始。

5. 请每个人尽可能提出更多关于解决办法的建议。将所有点子一一记录下来,不要妄加评论。让孩子们先发表意见。

比尔:简妮应该听我的话,因为我比她大。

简妮:不应该让比尔来管我或是打我。

家长:请个保姆看孩子。

比尔:让我出去。

简妮:让我交个朋友。

比尔:爸爸妈妈出门前应该列出个看电视和上床睡觉的时间安排。

简妮:我们应该自己管自己,自己做自己的主人。

6. 确定出大家都满意的解决方法。

不请保姆。

不许打人。

自己管自己,不去管别人。

爸爸妈妈会提前制定出看电视的时间表。

每个人都要对自己负责。

7. 后续跟进

"下个星期天我们又要碰面了,到时候看看咱们对事情的进展情况是否满意。"

在我们整个讨论过程中,有位男士一直脸红红地喃喃自语。我们这边的任务完成后,我向他示意,请他来倾吐一下自己的想法。

"在我看来,"他说,"整个这套'格式'实在是太彬彬有礼了。如果我儿子这么对待我女儿的话,他可没那么容易逃脱惩罚。我会直截了当、毫不含糊地告诉他:'如果再让我听说我们不在家的时候,你敢碰你妹妹一根手指头,你就等着我好好收拾你吧。'他拳头紧握,'那可不是什么好玩儿的事情!'"

有几个组员出声表示赞同："听见没有！听见没有！"……"你得给他点教训！"……"厉害点儿！"

接下来，出现的就是两派意见相左的局面：

"这样做你可能是出了气，但你的女儿可能会面临更大的来自你儿子的危险。因为他总会找到个法子收拾她的。"

"不光如此，你教给他什么道理了吗？应该是你这个父亲教给他如何遵章守纪，而不是他自教自学。"

"而且，为什么你那么容易就相信了你女儿的话，而对你儿子的说法置若罔闻呢？没准儿就是她在说谎呐。"

这位男士动了动嘴巴想说些什么，但经过一番思索，还是改变主意，选择了保持沉默。

另外一位父亲接过了话头，"我不明白，为什么孩子之间的每一次争论都会演变成没完没了解决问题的漫长过程。要我说，家长就应该瞅准时机和地点，介入其中，帮助他们赶快收场，哪怕这意味着我们得有偏有向，袒护一方。"

"比如什么样的时机呢？"我问。

"比如说哪个孩子蛮横不讲道理的时候。"

"举个例子吧？"

"嗯，就说上个礼拜天吧。我们全家人都整装待发，准备骑自行车出去旅行，结果我无意中听到儿子在求女儿把她的旧背包借给他。女儿直截了当地拒绝了他的请求，说他会把背包给'毁了'的。毁了包包？真是搞笑。她那背包早就破破烂烂不成样子，都该扔了，要不然我们干嘛要给她买个新背包呢。我气极了，跟她嚷嚷，把背包拿给你哥哥，马上拿！"

"那她拿了吗？"我问。

"信不信由你，我告诉她，如果她不照做的话，就待在家里别跟我们出去了。"

“那她对此作何反应呢？”

“她闷闷地别扭了一阵子，但这又怎样呢？她应该从中明白一个道理，在家庭中，我们要懂得与人共享。”

“这个故事教给我的可不是和别人分享哦！”一位女士义愤填膺地说，“要是我爸爸这么对我的话，我肯定要气疯了。有些东西并非只是普通的物件，它们就像你身体的一部分，牵动着许多回忆。”在我的衣柜里，有一件满是虫蛀的毛衣，很多年都没穿了，但我不会把它借给任何人——尤其是不会借给我的姐姐。如果我是你们家的家长，我肯定会站在你女儿这边的。”

“看来，”我说，“我们现在产生了两派完全对立的观点：

1. 支持背包所有者。

2. 支持需要背包的孩子。”

接着，我开始把为这堂课准备的资料分发给大家。“第一页卡通插图，”我对大家说，“画的是两姐妹吵架的情形，她们争的不是背包，是一件衣服。后面的几页画的是她们的父母做出最终决定后的两种情景，一种是支持衣服所有者这个孩子，另一种则是支持非衣服所有者的那个孩子。你们在最后一页看到的是，家长双方通过申明某项规则或制度，各自给予一个孩子支持，但是他们把最终的决定权留给了孩子。”

因为物品引发的斗争

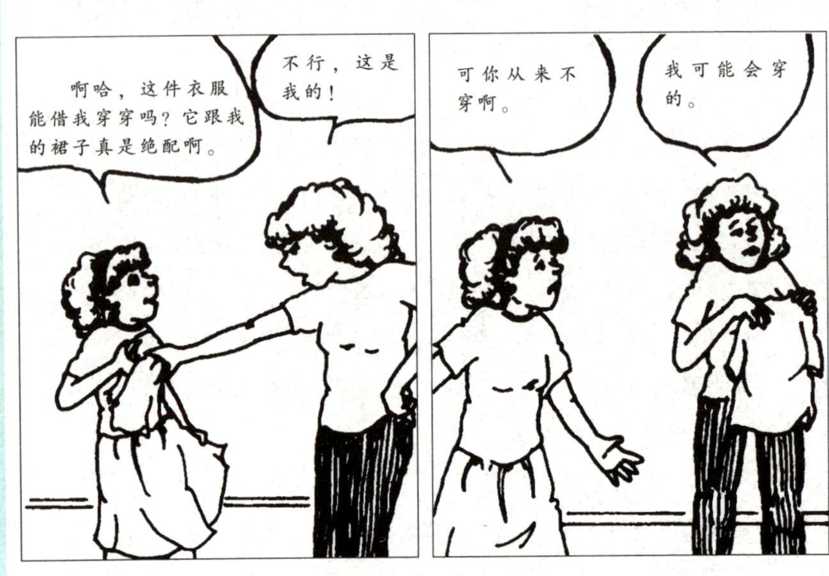

啊哈，这件衣服能借我穿穿吗？它跟我的裙子真是绝配啊。
不行，这是我的！
可你从来不穿啊。
我可能会穿的。

就今天借一下行吗？求你了。我们班要开晚会呢。
我说了不行啦！
啊啊啊借给我啦！
把你的脏手给我拿开！

家长宣布最终决定时会发生什么

支持物品所有者

支持“非物品所有者”

家长支持某一方但是将最终决定权留给孩子时会发生什么

我留出几分钟时间让组员们浏览这些插图，然后向那位让自己女儿放弃背包的父亲问:“看了这些图,你有什么想法？”

他有些犹豫,“嗯，从某种程度上来说，画中的母亲还是有点儿偏向一方的。她对大女儿说不必非得把衣服借给妹妹。本质上,她的意思就是,‘不用把东西拿给她分享。’对此,我不认为有什么值得称赞的。”

有两个人立刻举起了手。

“她的意思不是‘别和她共享’,她不过是让大家清楚,一定要尊重他人的财产权。坚持这样的原则对两个孩子都是保护。”

“母亲给大女儿机会让她考虑是否把衣服借给妹妹,就是为了保护她的权利。”

那位父亲不服气地摇了摇头。“我还是搞不懂,教给孩子学会与人分享,有什么不对的。不过很明显,我没把自己的意思跟你表达明白。”他小声嘀咕道。

“你的意思我明白,”我对他说,“并且我觉得你的观点很重要。我们应该鼓励孩子与人分享,这样做的实际意义也很大。生活在这个世界上，他们要学会如何分享——分享物品，分享空间,还要分享他们自己。同时,这样做对塑造他们的纯洁心灵也是大有好处的。我们都希望自己的孩子能够体会到自愿赠与所带来的快乐和友善。但是,要求孩子与人分享,只会让他们把手中的东西攥得更紧,强制要求的分享会将那份友善抵消殆尽。”

“咱们重新来想想整个研讨班和这个课程的目的吧。我们都在寻找各种能够增进孩子们之间的友善快乐感觉的方法,各种能够平息斗争小事化无的方法。如果家长选择了这样的立场:‘在这个家里,我是大人,我来决定谁要和别人分享东西,谁保留自己的东西,哪件事理由充足,哪个要求是无理取闹,谁对谁错,均由我定夺’,那么最后的结果就是以孩子们越发地依赖父母和兄弟姐妹间的敌意与日俱增这样的情形告终。”

“怎样才能缓和紧张的关系，怎样才能营造和谐，关键在于我们的心态——‘谁需要什么？……谁感觉如何？……应该采取怎样的解决方法才能兼顾到每个人的感受与需求？’——这都是需要认真考虑的重要内容。我们并不在乎技术层面的东西，关键是追求彼此之间的快乐幸福。”

“我们并没有找到所有的答案，我们找到的只是一个方向。一般情况，我们尽量不去干涉其中，但是我们必须要介入的时候，就应该牢记，要在第一时间挺身而出，让孩子们暂时分开，不要让彼此的关系进一步恶化。这就是我们能为他们以后的人生做出的最佳准备。”

我瞥了一眼教室后面的挂钟，只剩一小会儿就要下课了。

“好啦，朋友们，”我说，“我们好像没多少时间来介绍自己的故事了。”

“什么故事？”一位女士说，“噢，对了，我们打算留到下课前再讲的那些孩子打架的故事，这些故事还可以留到下个礼拜再讲的。现在我有个问题要问，我都憋了好长时间了。”

其他人也纷纷举手发问。

“我也有问题要问。你会怎么做呢，当孩子们……”

“我一直想知道……”

我们的组员一个个真是精力充沛，不知疲倦。而这个话题，其内容也是无比丰富，永不枯竭。好像只有我一个人想放下这一切，结束讨论，宣布下课。

“不好意思，”我说，“大家有问题的话，现在把它写下来，我先整理一下东西，把这些问题带回家，然后把我的书面答复在下周上课时分发给你们。还有，一定记得把你们的快速提示表收好哦。”

如果孩子们无法自行解决问题

1. 将处于敌对状态的孩子召集起来，跟他们解释一下碰头会的目的何在以及你们的基本原则是什么。

2. 将每个孩子的感受和关注点一一记录下来，然后大声读给他们听。

3. 给他们时间展开辩驳。

4. 请每一个人提出自己心中的解决方法。将每个主意都记录下来，但不要作出评论。

5. 确定出你们大家都能接受的解决方案。

6. 后续跟进。

如何做到不偏不倚地对提出要求的孩子给予支持

吉米：爸爸，我都没法完成学校布置的地图作业啦。快让她把蜡笔还给我！

艾米：不给，我还得给我画的花花涂颜色呢。

你可以：

1. **陈述每个孩子的情况。**
   “咱们开门见山地说吧。吉米，你需要蜡笔来完成作业。而你，艾米，希望把自己的画儿画完。”

2. **讲明态度或规则。**
   “家庭作业是我们应该最先考虑的重要事情。”

3. **留下开放的空间给孩子们进行可能的协商。**
   “不过吉米，如果你希望和妹妹商量着办的话，那么你自己来安排吧。”

4. **转身离开。**

常见问题以及来自家长的故事

常见问题

明天就是我们最后一堂课了。我忽然想起,该琢磨琢磨大家留在我桌子上的那些问题了。我匆匆地翻阅大家写下的那一大摞问题,心中不禁再次感叹,这个话题真是永远有的说啊。一个人知道的越多,他想知道的也就越多。下面就是大家提出的一些问题,以及我给出的答复。

1.如果不能强制要求孩子们与人共享,还有什么其他办法能够鼓励他们学会分享吗?

(1)让孩子做主,由他们来负责进行分配。(“嗨,宝贝们,我给你们大伙儿买了一瓶泡泡水。大家怎么分配才最好呢?”)

(2)指出与人共享的好处所在。(“要是你把自己的红蜡笔分给她一半,她把她的蓝蜡笔分给你一半,那么你们俩就都能够配出紫色啦。”)

(3)给孩子留出琢磨的时间。(“等到露西愿意跟你一块儿用的时候,她会告诉你的。”)

(4)如果孩子自发自愿地与你分享某事某物,请对他们表示感谢。(“谢谢你让我咬了一口你的饼干,真好吃啊。”)

(5)表示你也愿意与他们分享,以身作则,树立榜样。(“现在我想让你也尝一尝我的饼干。”)

2.如果看到哥哥姐姐故意占弟弟妹妹的便宜，你应该怎么做呢？我的儿子和女儿一起收集棒球卡玩儿，但女儿总是把漂亮崭新的好卡片自己收着，给弟弟的都是破破烂烂的旧卡片。我是不是应该跟她说点什么呢？

要是孩子双方都满意，不去裹到里头瞎掺和是比较好的做法。仔细想想，你的儿子不会老是这么任人摆布的，这样你可能会感觉痛快一点。过不了多久，他就会和他姐姐一样成长起来，聪敏机灵，充满自信。他将学会为自己争取权益，得到所需。毕竟，面前有个好老师给他做榜样呢。

3.我们家发生的很多口角拌嘴的情况都是因为一个孩子打另外一个的小报告，为的就是给他惹点麻烦。有没有法子能够阻止他们这样搬弄是非呢？

了解“告状”的动机会对你有所帮助。他是否只是单纯地想让哥哥惹点麻烦？如果是这种情况，你不必跟被诬告的孩子生气，以致让搬弄是非的孩子得逞。“什么？你哥哥居然这样！你马上叫他过来！”但是，假如你的儿子真的需要你帮助，保护他免受哥哥言行的伤害，那又该怎么办呢？你如何判断是否该适时地出面介入呢？

一位父亲说，当他不再判断和惩罚的时候，家里就没有了“告状”。他告诉孩子们，他希望他们能真正彼此倾听，并且自己解决他们之间的问题。但是，如果他们已经真诚地努力了，仍然没有解决，那么他随时会提供帮助。他还小心翼翼地补充：“如果你们有谁看到别人在做危险的事情，就应该拔腿跑到妈妈或者我这里来。我们都要确保家里每个人的安全。”

4.昨天，我的孩子一直跟着我，进了这屋进那屋，而且一直大喊着，“该到我啦！”……“不对，明明是该我了！”他们似乎彻底把我晾在一旁，非要争出个你死我活来。有什么建议给我吗？

你也可以和他们一样，坚持己见，保护好自己就行了。你可以告诉他们：“我听得出来，确定出该轮到谁荡秋千对你们俩来说有多么的重要，但我现在需要安静。你们可以回自己的卧室或是到外面去商量出个解决方法。不要在这儿争了！”

孩子们有权争执，而你也有权保护好自己的耳膜和神经系统。

5.让孩子们通过掷硬币来解决争端的方法，您觉得如何呢？

如果家长提出这个方法，它带来的问题就是，这个法子暗藏一种信息：你们的感受和想法并不重要。你们的命运如何，就由运气来决定吧。

掷硬币这种方法还存在另一个问题，它会造就一个赢家，也会出现一个输家——而输家通常都会很恼火的。

只有在一种情况下，我才会用掷硬币这个法子来作决定，且不会造成什么闪失，那就是在针对某个事件的所有备选解决方案全都仔细探究之后，仍处于僵局之中没有结果，我就会问：“你们俩用掷硬币来解决怎么样？甭管那个决定你们俩能否接受？”

6.上星期天，我的儿子们为我们去公园还是去海滩引发了争吵。我是不是应该给他们建议通过投票来做决定呢？

投票可能会带来不好的感觉，尤其是以投票来代替聆听孩子观点的做法，更惹人不快：“好吧，别浪费时间吵个不停了，咱们来投票吧。选择去公园还是去海滩呢？4 票投给海滩，1 票选了公园。海滩胜出，就这么定了，咱们出发吧。”毫无疑问，处于劣势阵营中的孩子肯定感觉这种所谓的“民主”辜负了他的期望，糟糕透顶。

如果讨论依旧无法达成一致，我们不得不进行投票表决（如果不投票，我们只能把一整天的时间都用来讨论这件事），在这种情况下，我会大声地表明自己的观点（等到赢家的欢呼声平息下来后），而这个观点正是我认为输家当时可能的感受：“我们今天去海滩玩儿，因为大多数人把票投给了海滩。但我希望这里的每个人都知道，有一个人很失望。安迪今天真的很盼望能去公园玩儿。”这样的做法通常会止息那些洋洋自得幸灾乐祸的情绪，并给输家带来安慰。

7.我们很想带着三个女儿一块儿出去好好玩儿一天，但她们总是吵个不停，真是烦死人了。对这样的问题，我们能做些什么呢？

在不同的人生阶段，不同的孩子最好选择“少和兄弟姐妹在一起”。他们可以各自参加不同的旅行，参与不同的活动，交不同的朋友，发展不一样的兴趣，还要单独安排不同的时间和父母独处。各自分开的时间足够长了，他们可能才会彼此看起来顺眼多了。

8.我烦恼的问题是，孩子们体贴地帮我做完家务之后却因为争论谁做得最好或谁干活最多而吵闹不休。我女儿说：“我把所有的盘子都洗了。”而我儿子说：“这就了不得啊，我还刷锅了呢，而且还把垃圾都拿出去倒了。”您会怎么处理这样的情况呢？

如果孩子们是为了确认谁是最佳小帮手而争个不休的话，家长刚好可以利用这个绝好的机会对他们的合作成果表示肯定：“嘿，瞧瞧这厨房！有你们俩帮忙，收拾得干净又整齐。你们俩可真是个完美组合哦！”

9.假设我们用上了课程中所讨论的那些技巧，还是有孩子总把别的兄弟姐妹的生活搞得一团糟，我们该怎么办呢？

如果某个孩子对其他兄弟姐妹总是充满了仇恨、强烈的嫉妒还有没完没了的竞争，也从不与人分享，总是在身体上和/或语言上伤害自己的兄弟姐妹，那么，为这个孩子寻求专业治疗是比较明智的做法。家长要考虑对这个孩子实施个体治疗或是进行全家治疗。

家长的故事

驱车去上最后一堂课的路上，我的内心激动不安。现在，我们的课程已经进入尾声了，但我的心中却疑惑重重。我讲的内容全面吗？我是否提醒了我们的组员，让某个孩子对其他兄弟姐妹的问题了如指掌其实是件凶险无比的事情？我是否曾经提到过，当你与某个孩子独处的时候，谈论另一个孩子并非是明智的做法？我是否跟他们说过，无论家长掌握了多少纯熟的技巧，某些个别的孩子就是永远也无法和别人融洽相处？其实我一直都在有意指出，哪怕是在这些情况下，通过运用技巧，至少我们不会使情况更加糟糕……要是时间能够再多点儿就好了……

步入教室时，我发现屋内的情绪和我截然相反。大家都在快活地聊着天，好像放暑假前最后一天到校的情形一样。没有更多的内容教给大家了，我们将要开始的是纯粹的故事会。大家坐回座位，准备开始聆听家长们带来的处理子女冲突的各种体验。大家轻松愉快的心情感染了我，我自己一下子放松了。

我也入座了，和组员们一起投入到我们的课程中。大家的故事好像自然而然地天生互补，只要有谁谈到了自己将某项技巧用于实践的时候，立刻就会有人补充上他们的相关经验。例如，头两个故事讲的都是家长终于迈出了第一步，有意识地做出不再为孩子们解决争端的决定。说来也怪，每个故事里争论的焦点，居然都是一把椅子。

我的心情很不错，打算好好地犒劳孩子们一番。他们可以坐在书房里的单人小餐桌旁，边看电视边吃晚餐。

他们一个个欢呼雀跃，飞快地跑到书房里等着自己的三明治端上来。接下来，我听到的却是一阵尖叫声，他们为了争坐同一把椅子而吵了起来。过了一会儿，詹森放弃了，因为洛丽年龄比他大，个头儿也占上风，自然成功地霸占了这把椅子。

詹森连哭带喊进了厨房，他想让我过去把椅子给他要过来。我挺想这么做的，因为洛丽不顾别人，为所欲为。不过，我并没有这样做，而是对他说："詹森，我看得出来你有多生气，你应该把你的感受告诉洛丽。"

詹森重新回到书房去找洛丽，我感觉这有点儿像是送羊入虎口。接着，我听到洛丽满嘴恶言，骂个不停，于是我走进书房对她说："咱们家不许骂人！"

这么一来，她开始把矛头转向了我："他这个臭小子就是被惯坏了！永远是他占着这把椅子！我从来都没机会坐上去！"

我开口说："我听到了，你们俩对这问题的反应都很强烈。"说着，我关掉了电视，向他们宣布："你和詹森一起想个法子解决这问题吧。"她肯定也读懂了我的另一层意思：找不出法子就别看电视。

我重新回到厨房，哭哭啼啼的詹森紧随其后。我心里其实气得直冒烟，这全都是洛丽的错，我真应该把她臭揍一顿。不过，我还是决定再给她个机会，虽然对结果没有太大信心。我说(声音的高度足以让洛丽听到)："如果你们真的努力，我敢肯定你俩能够找出个法子解决问题的。"

就在此时(我简直不敢相信)，洛丽走了进来说："詹森，我有个好主意。"詹森很激动，跟着她跑回了书房。没过一会儿，他们乐呵呵地从厨房拿走了自己的三明治，两人喜笑颜开的，一副哥儿俩好的派头。

我不知道他们想出的是什么法子，对此我并不在乎。我很高兴自己没有做出让步，也没有偏帮哪一方！

我们家里派我来参加这一系列课程，但真正作出改变的却是我丈夫——这一切就发生在他看了我的笔记之后。昨天早上，我们坐下来准备吃早餐，比利和罗伊开始吵闹，为的就是谁来坐那把靠近窗户的椅子。随着争吵的逐步升级，我丈夫开始发话了："谁也甭坐那把椅子了——我来坐！"。

接着，他把两个儿子都从椅子旁边拖开，自己坐了上去。比利开始尖叫："爸爸，我恨你！"一顿早餐转眼就变成了一场灾难。

随后，我丈夫肯定是转了转脑筋，他说："哎呀，比利，我知道你有多苦恼。今天早上坐在这里对你来说真的是一件非常重要的事情。"

比利使尽全身力气喊："就是耶！"他的满腔愤怒瞬间也烟消云散了。接着，我丈夫说："我觉得你和罗伊肯定能找出个对你俩都公平的法子来。"

令我们吃惊的是，他们真的开始商量对策，并且决定早餐时候比利坐这把椅子，而晚餐时候罗伊来坐。我还没明白过来，气氛全都扭转了，我们又可以坐下来安安稳稳地吃早餐了。

并不是每个孩子都能找出解决方案来，不过这也没什么大不了的。光是探寻双方均能接受的方法这个行为本身，通常就能够把子女之间的紧张气氛化解于无形。

我妻子在上班，我重感冒卧病在床，只想好好休息一会儿。有那么一阵子，两个儿子(4岁和6岁)玩得还挺好的。突然，一场战斗爆发了，他们俩旋风小子一样冲进屋里，跑到我面前互相指责。

我难受得要死，实在听不进他俩说的话，我提议让他们回屋，在黑板上把他们的问题画出来，画完之后，他们还可以把自己认为有效的解决方法也用图画的形式表达出来。

两个小子回房想主意去了。他们找来了尺子，把黑板一分为二，每个人开始在自己的一半地盘展开画作。

画完之后，他们拿了件睡袍给我，把我从床上扶起来，搀着我来到他们的房间，并把自己的画作解释给我听。很显然，现在他们不生气了。在画画的过程中，他们肯定已经和好如初啦。

很可惜，我那三个十几岁的女儿住在同一个房间里。要是她们谁有朋友来访，情况就糟得不能再糟了。昨天，她们

又像平常一样吵了起来，争的就是谁应该离开房间躲出去。她们三个一块儿怒气冲冲地跑下楼，到我面前来投诉彼此，每个人都希望我能站在她的那一方。

不过这次，我可不打算卷到她们中间去搅和。我说，希望她们能够探索并找出一个对每个人都公平的解决方法来。

她们重新回到楼上，结果两分钟之后又折回来了。她们说自己试过了，但是找不出法子，必须得让我来平息这一切。

我坚持自己的立场，没有让步。

我：什么？你们才讨论了两分钟？而且是这么严重的一个问题？你们现在的情况是，三个人共住一室，每个人都希望自己有朋友到访的时候能够享有私人空间。两分钟可解决不了你们的问题。

她们：拜托了，爸爸，你就告诉我们该怎么办吧。

我：再去好好考虑一下。

她们：考虑问题太费时间了！

我：太费时间？你们知道来自13个州的绝顶智者达成一致来撰写一部宪法并最终组成美利坚合众国花了多长时间吗？不是几天，不是几周，而是好几年！你们的问题是要花上不少时间，还要经过反复的深思熟虑。迟早你们会找出一个法子来的——我对此深信不疑！

她们没法反驳历史，于是回到了自己的房间，接下来的一刻钟里，我听到了她们严肃讨论问题的声音。

我只能说很遗憾，她们始终也没有达成任何细致的协议。不过，经过后来两周的时间，我确实注意到她们对待彼此的态度发生了明显的改变。现在，每当她们一个人有朋友来的时候，另外两个人要么离开房间，要么问一下自己留在屋里是否合适。这样的现象也许看起来算不了什么，但在我的三个女儿之间，已经算一个重大成就了。

下面这两个故事里的孩子们确实达成一致，找到了某些解决办法。所有人都感到吃惊的是，这些年幼的孩子们居然能够为某些难倒大人的问题想出颇具创意的答案。

上星期的一天，我正开车行驶在路上，车里坐着我的女儿(6岁)、她的朋友还有我的儿子(3岁)。两个小丫头一人手里拿着两枚橡树果，我的儿子一个也没有。他开始哭闹起来，因为两个女孩谁也不愿把自己的橡树果分给他。

我女儿的解释是，如果她把自己的橡树果分给约书亚一个，她的橡树果就比她朋友的少了。我对他们说，如果花心思想一想，一定能够找出一个对大家都公平的解决办法来。(我话虽这么说，但心里其实并不相信。)

大约一分钟后，我的女儿说："妈妈，我想到办法了！乔安娜(她的那个朋友)把她的一个橡果分给约书亚，我再把自己的橡果分给你一个，这样一来，咱们每个人都有一个橡树果啦！"

当我嫂子带着孩子来我家做客的时候，我很渴望能把自己学到的新技巧展示给她看。(她认为教养孩子的课程只是给那些不靠谱的家长预备的。)不管怎么说，正好，我5岁的侄子强尼跑了进来，抱怨我6岁的女儿莱斯利不让他当蝙蝠侠。我对他说："哦，亲爱的强尼，这个问题还挺难办

的。你们俩都想当蝙蝠侠。唔……这样吧，我相信你和莱斯利一定能够找出一个你俩都能接受的解决办法来。”

我嫂子压着嗓子低声咕哝，说强尼会对莱斯利让步的："他总是这个样子，"最后还是让莱斯利扮演蝙蝠侠。

不到 5 分钟的工夫，两个孩子兴奋不已地跑了进来。他们想出了一个法子！他们俩都能当上蝙蝠侠了！而莱斯利 19 个月大的弟弟以及强尼 3 岁的妹妹则想当什么角色都可以。

我的嫂子着实受到了震撼。她无法相信这么小的孩子居然能在没有家长的指点下自己商量出了结果，解决了问题。

下面这个例子中的母亲有几个十几岁的孩子，你会看到，她的心态就是“迟做总比不做好——亡羊补牢，为时未晚”。

要是 10 年前我就掌握了这些知识就好了。在孩子们年纪尚幼的时候就让他们养成良好习惯，比到了十几岁再来扭转恶习，要容易得多。不过，我觉得我还是有几年时间可以试着去调教他们的。

晚餐时间总是一团糟。我吃饭的时候，他们啥也不干，只是对着彼此挑三拣四，互相指责。我曾不止一百次地告诉他们，这样有多么的惹人生厌，他们听起来就好像一个个马屁精，但实际上丝毫没有奏效。

不管怎样，经过了上周的讨论，我决定改变一下自己的策略。我不会再睁一只眼闭一只眼地糊弄事儿了。只要听到一声损谁的话语，我马上就会制止他们，“嘿，说话要文明点哦！”或者是“这话太伤人了。”又或者“哦宝贝们，你们看着办吧——要么好好说话，要么别说话！”

此外，我还告诉他们，我希望他们第二天在吃晚饭前准备一个有意思的话题来供大家讨论。我还清楚地告诉他们，我希望他们每个人都为家里创造良好氛围“做出贡献”。

你根本不知道我下了多么大的决心。第二天晚上，我脖子上挂着自己的旧哨子来到了餐桌前（过去我曾经是一名体操老师）。他们起了个好头儿，实际上说话谈吐就像正常人一样。大约讨论了五分钟左右的时间，我听到了第一句含沙射影用意险恶的话语，我吹响了哨子。他们一下子不知所措，不知道我要干什么，但随后马上明白过来，爆出了一阵大笑。那顿饭剩下的时间里，他们的表现大方得体，彬彬有礼。

截至目前，我们看到的大部分故事中，子女之间的争论都是在家长不怎么掺和最多只是简单介入的情况迅速解决的。然而，也有另外一种情况，这种情况下会导致家长们不禁会说，“等你自己也有孩子了再说吧！到时候你就知道有多烦了！”最后这两个故事讲的是家长们介入闹脾气的子女之间，把留给他们深思熟虑的时间延长。

星期三下午。

哈尔和蒂米放学回到家里。我跟他们打了招呼，顺便询问一下小家伙们这一天过得怎么样。

哈尔说他忘了带自己的午饭，伙伴们给他的只是一些薯条。我安慰了他一下，把他落下的午饭递给了他。然后，两个小家伙就跑出去玩儿了。

几分钟后，他们回到了屋里，互相推推搡搡的，蒂米脸上还挂着泪珠儿。

我：发生什么了？

哈尔：（气鼓鼓地）蒂米打我的头！

蒂米：（泪汪汪地）我那是不小心碰的。哈尔，那是意外！

哈尔：不对，不是这么回事！我知道你是故意的。（他又开始推搡蒂米了。）

我：（把他们俩拉开）好啦，不管怎样，不能打人哦。咱们坐下来听听大家的说法吧。

哈尔：我不想说。

哈尔坐了下来，开始看一本蒂米从学校图书馆带回来的书。蒂米从他手里把书拿走，哈尔又一把抢了回来。

哈尔：我正看着呢。

蒂米：这是我的书。

哈尔：才不是你的呢。你是从图书馆里借来的，并不代表这书就是你的。

他们俩又开始你争我夺地跟这本书较劲。

我：现在又冒出了另外一个问题。两个孩子一本书。你们打算怎么解决？

蒂米：我不想让他看这本书，因为他打我。

哈尔：那是因为你先打我。我要报仇！

蒂米：那是意外啊！并且我根本没打得多重啊。

哈尔：啊哈，是吗？你打我打得重着呢，就像这样。（说着打了蒂米的脑袋一下。)

蒂米:(闪身躲开,拿起一块硬纸板轻轻地拍打了一下哈尔)不是,我只是轻轻地一下,就像这样似的。

我:(把他们拉开)现在你们俩好像真的开始打架了。

哈尔:你说得太对了,我们就是打架呢!

我:哈尔,我知道你很生气。现在你跟蒂米待在一块儿不太保险,我希望你先上楼去。

哈尔:我不上去,我要报仇!

我:不许打人!要么你上楼去等自己冷静下来,要么你跟我讲讲到底什么事儿把你搞得这么暴躁。

哈尔不情愿地往楼上迈了三级台阶,然后又转身折返了回来。

哈尔:妈妈,他打我打得很重,搞得我头疼。

我:哦,现在你觉得头疼啰。

哈尔:今天还不止这一件事情让我头疼!

我:你在学校也头疼来着?

哈尔:是啊,在音乐课上,凯恩老师发脾气,她没干别的,就冲着我一个人大喊大叫。

我:(心中一下子豁然开朗)咱们来看看哦,哈尔,你这一天过得可真够艰难的。首先,你去上学,却发现自己忘了带午饭,然后音乐老师又对你大吼大叫。

哈尔:(点头表示赞同)后来在课间休息时,路易斯和斯蒂文又合伙欺负我,要不是操场巡查员制止了他们,就连波比也会加入他们一起对付我的。

他继续往下细数自己这一天在学校里遇到的种种糟心

事。每件事情都描述得细致入微，我终于明白了他这一天过得有多么难受。这也是他如此气儿不顺的原因，我安慰了他一番，接下来的整个下午，他们哥儿俩在一起玩儿得很快活，一切相安无事。

我的儿子和继子两人在年龄上很接近。他们俩以前都过惯了自己独住一室的日子，现在要合住一屋，对他们来说很不适应。最糟糕的一个问题就是，在听音乐的时候，他们每个人都要坚持听"自己的"音乐。昨天，他们的卧室里，两台录音机同时开到最大音量，简直要把屋顶掀翻。一个人放的是爵士乐，另外一个则摇滚得一塌糊涂。

我：（站在门口）吵死啦！吵死啦！（两台录音机都停了下来。）

一天之后，同样的一幕再度上演——一个收音机在放摇滚音乐台的节目，另一个则在放赫比·汉考克的歌曲。我飞一般地冲进房间，嘴里喊着，"把音乐给我关了！"

屋里安静了一阵子。

然后，我听到噪音再次响起。

我：一次只许一个人放音乐！

这条规矩彻底激怒了他们，搞得两人开始吵了起来。每个人都坚持现在要播放自己喜欢的音乐，并指责另一个人的品位简直是俗不可耐。

到晚上睡觉时间，他们又吵了起来——托德要听奇克·柯瑞亚的爵士乐，杰瑞米却非要听滚石乐队的歌曲。既然不许同时播放,只能什么都不听。托德找我来诉苦,说以前没有杰瑞米的日子要比现在过得舒坦多了。那天晚上,我丈夫告诉我,杰瑞米同样也找他去控诉托德把他的日子搞得一团糟。

第二天,音乐又开始高声轰鸣。我走进房间,平静地把两人的收音机和录音机的插销拔了下来,拿走收到我的梳妆台里,关上门回到了自己的房间。当我听到有人砰砰拍门并哭喊着“不公平”的时候,我打开房门,对他们宣布:“只要你们俩能够找出一个满足全家人需求的办法,马上就能把自己的东西拿回去。”

这期间,我们度过了三天平静日子,我又可以静心思考事情了。问题的一方面是空间分配。如果每个孩子都能拥有一片属于自己的小小天地……但是哪儿有地方呢?地下室里有一个镶着门板的小小凹室,还有通风口,但是现在基本上连钻都钻不进去了。壁橱里堆满了从两家搬来的家具和纸箱子。问题的另一方面——可能也是最关键的一个方面——就是孩子们之间日益增强的怨恨抵触情绪。无论如何,我们得把这问题拿到桌面上好好说说了。

我翻了翻自己的课堂笔记,和丈夫商量了一下,最终一致决定召开第一次家庭会议。两个孩子虽然抱着些许怀疑的态度,但还愿意参与其中。

我们首先说明了家里的几项基本原则,然后让他俩分别一一说出让他们烦恼生气的事情。一开始,他俩说得还有些吞吞吐吐,但话匣子一旦打开简直是滔滔不绝,想让他们停下来都不行:

“我讨厌和别人睡一个屋里。我习惯了有自己的房间。”

“我觉得有陌生人侵犯了我的隐私。”

“我完全没有自我空间了，有时候我觉得自己很可怜。”

“我们俩是两个世界的人。他是听话的乖宝宝，而我……就像个小阿飞。”

“我不习惯什么所谓的‘合理膳食’，家里对饮食方面的条条框框太多了，我习惯了想吃什么就吃什么的日子。”

“我不喜欢别人和我一起分享我的爸爸。为什么我们总是得每件事都一起做呢？”

他们说出的想法比我们期望得还多。我简直不知道该从何说起，于是我示意丈夫帮我一起对付眼前的局面。他给了我一个“无能为力”的表情，然后说：“我和你妈妈认真听取了你们的抱怨，对你们所说的一切再仔细考虑一下，明天早上咱们再继续讨论。”接下来，我出门去办一些杂事，我丈夫则坐下来忙活付账单的事情。

几个小时之后，我回到了家里，听到地下室传来一阵噪音，于是走下来看是怎么回事。托德看到了我，冲我喊：“嗨，妈妈，你来得正是时候。快来看看我们干了什么！”

杰瑞米也喊了起来：“爸爸，你也来看看！”

我们简直不敢相信自己的眼睛。

地下室完全是一尘不染。所有的纸箱子都沿着一侧墙壁按照一摞三个的标准长长地整齐码放，那间小小的凹室地上铺了一小块地毯，中间摆了一把椅子，屋角有一盏灯，另一个屋角放了一把吉他，靠墙的桌子上摆好了收音机和录音机。

我丈夫一时语塞，我实在是吃惊不已，只说出一句：“啊，这是你们做的？我的天呐……”

杰瑞米：这是我的音乐空间。

托德：因为杰瑞米喜欢在听摇滚乐的时候坐下来弹吉他。卧室归我是因为我喜欢躺在自己的床上听音乐。

托德回到房间，躺到了自己的床上，打开了录音机。杰瑞米拿起了他的吉他，拧开收音机，我们两口子回到起居室，彼此望着对方，快乐地呵呵傻笑。我们知道，这样的平静不可能永远保持，但是就在眼前的这一刻，一切太平，多么美妙！

这个故事为我们的最后一课画上了句号。从大家脸上的表情，我可以读懂，他们已经陷入了追忆往事的怀旧情绪当中，而我自己，也是如此。在一起，我们共享了无数温馨而又难忘的时刻。

“我一定会怀念这些上课的日子的。”有人说。

“我们一定得就此结束吗？我可以一直利用这些课程，直到孩子们长大离开家自立的时候。”

“咱们能不能再安排碰面呢？大约一个月以后？咱们可以彼此交流，温故知新。”

我疑惑地看着我们的组员，有几个人热切地点着头，其他人的表情则不是那么肯定，嘴里正叨咕着暑期计划以及以前应承下的一些事情。

我还没有考虑过再安排碰头的事情。不过，一个月之后再举办一次后续课程——还是现在这个小组的部分成员参加——这个主意还真是很吸引人的。

我们拿出日历表，定下了一个日期。

第 7 章

与过去讲和

Making Peace With the Past

我知道，我们的碰头会人不会来得多齐。一旦常规的碰面时间被打破，各种各样的事情就会蜂拥而至，哪怕是你无比想来参加的活动，都可能会被挤到一旁，令你抽身乏术。无论怎样，我已经习惯了满满一屋子人情绪高涨、积极踊跃的阵势，因此，面对只有六个人出席的场面，我还是颇费了一阵子时间才让自己的心绪调整过来。

“不要紧，”我心下暗想，“六个人也不错。这样我们更能放松下来，而且气氛也会更加亲密。”不过，今晚这里还有点儿不同寻常的状况，房间里潜伏着一种紧张的氛围。我示意大家把椅子挪一挪，围坐成更紧密的一圈。

“那么，”我开口说，“大家的情况都怎么样呀？”

很长的一段沉默，令人不安。

最终……“几个星期以前，我和我的妹妹多萝西长谈了一次，不过，我觉得自己不应该占用大家的时间来讲这件事。”

“你尽管说好了，”我对她说，“今天晚上咱们没有固定的安排。”

“不过咱们应该谈论的是关于孩子们之间的关系问题，而不是我们自己的问题。”

“这堂课咱们可以讨论任何困扰孩子关系的问题。”

她有点儿犹豫，“实际上，”她说，“我觉得这其实也有点儿关系，因为，如果没有上过这些课的话，我可能永远也不会再跟她对话。”

忽然间，大家全都流露出了浓厚的兴趣，有几个人催着她赶快往下讲。

“嗯，我不知道有没有谁还记得我以前曾经在这里提到过我的妹妹……”

“我记得可清楚了，”一位女士说，“咱们那时候正在讨论拿孩子相互比较的问题，你告诉我们你的妈妈总拿多萝西当榜样和你作比较，这样的情形让你感到很崩溃。”

她的脸上开始微微泛红。“没错，”她说，“那次课结束之后，我整个人都回到了那种难受的感觉……我的妈妈永远都把多萝西摆在不知道比我好多少的位置，多萝西甭管做什么事情永远都比我好一万倍。”

“在几周之后，咱们讨论给孩子设置角色，这样可能给孩子造成伤害，就算是那些被安排承担积极正面角色的孩子，也会因此受到伤害。这使我开始渐渐明白，多萝西或许也因此蒙受了伤害。那天晚上，这样的想法在我脑海中挥之不去，第二天早上醒来的时候，我觉得自己应该跟她谈谈了。”

她停顿了一下，疑惑地看着我们，“你们确定自己愿意听我讲一大通吗？内容可不是一般的多啊。”

大家再一次催促她赶快往下讲。

“打电话之前，我还有点儿顾虑，因为在假期以外的时间里，我和多萝西根本不联系，因此我不知道她会不会接听我的电话。那时候我很担心，怕挂了电话之后自己又会感觉把事情‘做错了’。不过，情况完全不是那么回事。听到我打来电话，多萝西好像非常高兴。我们谈了一会儿自己丈夫和孩子的情况，最终，我还是磨磨蹭蹭地提到了我参加了咱们这个小组的课程，并且我在这里学到了无数知识。她听起来对这一切抱有很大的兴趣，于是我跟她讲了一点儿咱们课程中关于子女角色的内容，然后，我问她是否认为妈妈也给我们俩进行了角色安排。”

“最开始，她告诉我她并不这么认为，过了一会儿，随着她提到越来越多自己儿时的回忆，她终于还是承认，总是被摆放在一个榜样的位置，她充满压力。”

“接着，她讲到了最令我吃惊的事情。有些时候，她甚至觉得妈妈是在有意地尽力把我们俩分开，有时她甚至会担心，如果什么时候她跟我走得近了，关系亲密了，妈妈就会不再重视她了。因为她总是应该做那个特别的孩子，而我是那个总挨妈妈批评的家伙。”

她讲述的这一切内容，让我们所有人花了一阵子才消化掉。“听到这件事，你一定感到非常震惊吧。”有人喃喃低语。

“在某种程度上，确实如此。不过，从另一个层面来说，我觉得自己一直对此心知肚明。奇怪的是，我并没有灰心沮丧，只是为多萝西感到可惜。我对她说，那样的经历对她来说一定糟糕极了，对于一个孩子来说，这样的负担实在太过沉重了。接下来，冷不防地，她突然开始哭了出来。”

“有史以来第一次，我感到自己的妹妹是如此脆弱。我真想好好地安慰她一下，但是她却远在千里之外。我对她说：‘多萝西，我来抱抱你吧。透过电话线，我正用自己的臂膀拥抱着你。’”

“接下来，她对我说，对于她以往给我造成的伤害，她感到万分抱歉，而我的这通电话，对她来说意义十分重大，如果我没有打这个电话，可能到了下辈子我们也不会真正了解彼此。于是，我也哭了起来。”

在座的几个人开始拿出纸巾，擦拭泪水。

“你知道最后多萝西和我做出了什么决定吗？”她继续往下

说，“我们打算找个位于纽约和芝加哥中间的地方，约在酒店里面碰头。我们要在一起过上一整个周末——只有我们两个人——不带老公，不带孩子，就我们俩。我们有好多话要说，好多事要做。”

“我真替你们高兴，”一位男士说，“不过，就某种程度上来说，我也觉得挺伤感的。”

“为什么呢？”多萝西的姐姐问。

“想到父母这样把自己的子女对立分裂开来，让人感到很伤心啊。在我们家，我父亲总是把我大哥汤姆和我们其他几个孩子分割开来，我知道这种感觉有多么难受。”

“为什么他要这么做呢？”她问。

“唔，这可就说来话长了……主要原因是，汤姆总以一个叛逆分子的面貌出现，而我父亲是个希腊正教出身的传统刻板之人，他们俩之间的火爆斗争始终不断。最终的决裂发生在汤姆17岁那年，他从父亲的商店里拿了些钱，然后离家出走了。我父亲始终没有原谅他——始终不能原谅，他绝不容许汤姆再回到家里。我母亲向他发誓祈求，我跟他苦苦哀求，他根本不为所动，绝不妥协。”

“那你再也没有见到过汤姆？”

“见过一次。那是在8年后，我父亲过世的时候。汤姆带着自己的妻子出现在了葬礼上，但自那以后，我们之间就很少联系了。我特别迫切地想要邀请他参加感恩节、圣诞节以及其他各种家庭活动，可我弟弟尼克却总是反对。他拒绝和他再有任何交往。”

“这可真是奇怪，”她说，“看起来他好像完全继承了你父亲的衣钵。”

“我知道。尼克把我置于了一个进退两难的境地。我简直已经筋疲力尽了。现在,我最小的儿子下个月就要受洗了,我希望汤姆到时也能出席。我知道过去他做错了,但那一切本该可以用另外的方式来解决的。我们不应该把他逐出家门,老死不相往来。事到如今,我们得到了什么呢?我的孩子们本来有个大伯父和伯母,但他们却不认识,跟那些堂兄弟姐妹也没有见过面。我的一个侄子和一个侄女,对我来说,也是完完全全的陌生人。"

"你打算怎么做呢?"多萝西的姐姐轻声问。

长长的一阵沉默。"我打算再跟尼克谈谈。我们有幸拥有一个哥哥,我们必须要接受他,理解他,给他以爱。除此之外的其他做法都是错误。我希望我们所有的兄弟都能聚在一起,共同出席我儿子的洗礼仪式。我希望我们所有人能够再度一家团圆。"

"哦,我真希望你能愿望成真。"另外一位女士满怀盼望地说,"如果能够再度全家团圆,那可真是太美好了。"

对她的感叹,我真是感到惊讶。我想起来了,她就是那位在第一堂课上提到自己有个存在感情障碍的姐姐的女士。

"努力尝试重新和我姐姐接上头实在是毫无必要了,"她继续说,"上一次我试图和她对话的时候,她指责我说我跟她的朋友到处散播关于她的谣言。"

"除此之外,其实我最想对话的人是我母亲。参加咱们这一系列课程之后使我眼界大开,想通了许多事情。在咱们最后一课结束后,我对自己说:'如果只能做最后一件事情,我希望能够让我母亲知道这些年来我的感受如何。'"

"你认为你真的会去那么做吗?"有人试探性地问。

"我已经这么做了。"她回答。

"你母亲真的听进去了吗?"

"嗯,这对她来说可不是件容易的事儿啊。"

"你都跟她说了什么?"

她犹豫了一下，有点儿不自在地看着我。

“你可能不太想说这件事儿吧。”我说。

“唔，我不知道……”她继续说，“我想我应该不会介意的。”她闭了一会儿眼睛，努力将场景重新组织一下。“我对我母亲所说的，基本上就是全家人的步调总要被林恩的情绪牵着走。我对她说：‘你总是一门心思放在林恩身上，从来都没有关心过我。你始终都不了解我，也不屑于了解。我从来没有感受到被你们所爱的感觉。’”

房间里静得可以听见针掉在地上的声音。“对此她说了些什么呢？”有人问。

“她说我简直是荒唐透顶，尤其是，因为我是没有问题的好孩子，每个人都很爱我。”

“我说：‘你瞧瞧——这就是我想说的重点。你又走上你的老路了！把我推到一处根本不属实的情境当中。’”

“我的母亲根本不理会我的话，又开始老生常谈地说起，多年以来要对付这么一个心理失常的孩子给她带来了多么沉重的压力和负担——需要不停地看医生，时不时爆发的疯狂行为，一刻不得安宁。从始到终，她所说的都是，林恩这样，林恩那样……”

“对于这些，我听得实在太多了。我根本没法让她停嘴。于是我说：‘妈妈，我打算请你做一些在你看来非常困难的事情。请听我说。只要听我说就好，不要再试图解释什么。你所说的这一切，我都了解。我希望你能试着了解一下，这些年来，我的经历与感受如何。’”

“她盯着我，然后说：‘好吧……好吧，那你说吧。’”

“接着，我就滔滔不绝地一股脑儿倾泻而出。我向她提起了每一次她努力把我塑造成某种典范时的情形。”

“‘谢天谢地，你是个值得信任的可靠孩子。’”

“‘至少你还算脑筋正常。’”

“‘我很高兴自己有一个负责任的孩子。’”

“我也提起了每一次我自己的反抗经历，比如说，五年级时我曾一度旷课，曾拒绝给同伴们弹奏钢琴，在这种情况下，我每次听到的都是，‘这可不像你啊，亲爱的。’我简直找不出更多的例子，我只是觉得自己完全好像隐形人一般无足轻重。难怪很多时候我根本搞不清自己到底是谁。”

“接着我问她，‘你知道吗，哪怕只有一次你能说出这样的话——你不需要时时刻刻保持这样的榜样姿态。你不需要非得保持完美。你不用一定得是妈妈的骄傲。你可以闹闹性子，惹人讨厌，不修边幅，自私小气，不顾别人，不负责任，这都没问题。时不时地犯点儿小毛病其实很正常，我还会一如既往地那么爱你——这样的话你哪怕只说一次，会给我带来什么样的意义你知道吗？’”

“我说这些的时候，母亲已是满面泪痕，但我依旧没有住口，我停不下来。最后，我终于发泄完毕，她悄悄说：‘我想不出来……我能说些什么？……我不知道该说些什么。’”

“我对她说：‘什么也不用说。什么都不需要说，我只是想让你知道这些就够了。’”

“接下来，我心中的某些问题瞬间释然了。我说：‘不要认为我不了解这么多年以来照顾林恩，你的感受如何，不要认为我不了解你经受了多少苦难。’说着我伸出手臂抱住了她，我们俩互相搂着对方，我们之间的一堵墙似乎在这一刻土崩瓦解不复存在了。”

我惊讶地听着这一切。理解竟能如此之快地让她们彼此原谅，令人感叹。驱走那些心酸苦涩的感觉，带来的将是多么大的解脱。仅仅只是聆听，这已经是她母亲馈赠给她的一份极为丰富的礼物。

“我绝不可能对我母亲讲述这样的事情……”另一位女士摇了摇头说，“她永远不会理会我的感受，她甚至连她自己的感受都不会顾及。最近我不知道自己为什么心烦意乱，我试着跟她讲述一些童年时期对我造成伤害的事情，比如他们从来不允许我对弟弟发火，我必须要臣服于弟弟因为他是太子。”

“你们知道她说了什么吗？‘你之所以烦恼多多是因为你只看到了问题，你总是期待事事完美。’”

“接着我说：‘当你受伤的时候，说上一句你受伤了，又能怎样？如果你撞到了床，磕伤了脚趾头，难道你就不能说一句，啊，疼死啦！’”

“她说：‘喏，我只会走开，说一句，真是笨死了！然后我就会把这事儿给忘了。’这就是我母亲处理每件事情的方式。我怎么还能盼着她理解我呢？”

“她实在是太死脑筋了，有时候我真想把她晃醒。自始至终，她所说的一切都是她多么希望自己的孩子们能够亲密相处，但她所做的每一件事情都是让我们彼此渐行渐远……你们知道最奇怪的是什么吗？我弟弟从来没有给我打过电话，现在刚刚有了第一个孩子的他，却突然间总给我打电话，向我咨询带孩子的经验。实际上，我们就像正常人一样彼此在电话中倾谈。也许我们之间还有复合的希望。不过我发誓，如果有一天我们真的成了朋友，与我母亲无关，我们可不是因为她才姐弟复合的。我明白她的本意是好的，但她总是如此神经过敏，搞得我们也无话可说。”

“我搞不懂。”另外一位男士插嘴说——他是截至目前唯一一位还没有开口发言的人——“我的父亲和母亲都是神经非常敏感的人，但我可以保证，即便是敏感的父母也会有心绪迟钝的时候。”

所有人的目光都转向了他。

“我记得我曾经说过，”他说，“我有个双胞胎兄弟，他老是揍我，而父母从来不采取任何行动阻止他这样做。”

“这可太糟糕了，”有人说，“为什么他们不去阻止呢？”

“我也不知道。可能他们认为男孩子就应该经常扭打成一团吧。或许他们觉得，我们俩是双胞胎，天生就有一种相互吸引的密切关系而绝不会真正伤害到彼此。”

“我不明白他们是怎么想的。我想告诉你们的是，如果在你5岁大的时候，唯一能保护你的只有父母，而他们又以异于常人的方式看待问题，这样的情形简直是太可怕了。你会琢磨不知如何才能突破这一切，坚持到最后。”

“从这样的环境中挺过来，你小时候一定是个很难对付的家伙。”我对他说。

“是挺难对付的，不过埃里克更难对付，比我块头儿大得多得多。他比我早出生5分钟，但分量简直顶得上两个我了。”

“因此，从一开始，你就处于劣势啰。”

“是这么回事。不过最开始的几年，对于他那样的大块头儿，我倒并不怎么在意。不管怎样，我都能跟他打起来。举个典型的例子：他走进屋里，一下子关掉我正看的电视节目，他要看其他节目了。我可不想让他如此作威作福，随意摆布我。于是我又打开自己看的那档节目。接着，他就跳到我身上，把我按在地上开始揍我，直到最后我害怕真的受伤而选择放弃。接下来，事情也就见分晓了——虽然经过一阵子的折腾——他可以大摇大摆地进来随意关掉电视，而我乖乖离开就是了。”

“我还是不明白你父母怎么能够允许这样的情况发生？”一

位女士发问。

“嗯，实际上，有些时候，我母亲是在试图保护我。她会对埃里克大吼，并把我带回房间。大多数情况，她让我们自己解决争端。有一次，她给我们买回了一个漫画人物拳击手乔·帕鲁卡的玩偶——这是一个大大的塑料材质的充气玩偶，底部装有沙子，一受到击打就会弹回来。我还记得母亲对埃里克是这么说的，‘你想揍你弟弟的时候，打这个帕鲁卡就行了。’”

“我永远也不会忘记这一幕，有了这个玩偶之后，他会打打我，再打打玩偶，又回来打我。显然，这个法子并不奏效。”

“等你们到了十几岁的时候，情况又怎么样了呢？”有人问。

“埃里克成了一个十足的超级运动高手——曲棍球、足球、橄榄球，没有他不在行的。运动场上的他完全是个拼命三郎，不彻底把对方摧毁誓不罢休。你被打得越惨，他就越高兴。我避免参加各种体育活动，在中学时根本就没怎么敢参加这些体育活动。我努力让自己争取好人缘，甭管做什么事情，我都不会让自己脱离朋友的保护圈。”

“随着年龄增长，你们之间发生了什么变化吗？”

“确实没什么变化。只不过他对我的攻击由身体转为了语言攻击了。比如，我们家的一项重要活动就是晚餐时的家庭讨论。埃里克总是对每件事都兴致勃勃——图书、体育、政治。如果我想表达点儿什么，就会遭到他的嘲笑——‘真是无聊乏味。’我的爸爸妈妈也总是忙着感叹埃里克的学识多么丰富，从来没有注意过我遭受的这一切。过了一阵子，我只是听着他们的讨论，不时发出呵呵傻笑就是了。实际上，我练就了相当犀利的嘴皮子，挖苦别人绝对不在话下，这是我对付埃里克的唯一武器。我也确实能让它们派上用武之地，因为我了解他所有的弱点。”

“这又有谁能怪你呢？”一位男士说，“你需要用某种方式来

回击这个坏蛋。”

他挑了挑眉毛，坐回到自己的椅子——他整个行为举止都变了。“曾经有一度,我可能会赞同你的意见。但是后来发生了最最疯狂的事情。就在上个月,咱们所有这些课程都结束之后,我突然有一种强烈的渴望,想要再跟埃里克联系上。在这之前我已经有很多年对他唯恐避之不及了。于是,我拨通了他的电话。接着,我们碰了面,吃了一顿长达三小时的午饭。”

大家愈发好奇了。“你们都聊了什么呢？”……“你跟他发生对抗了吗？”……“你跟他说他把你的生活搞得一团糟了吗？”

“其实，主要是他想告诉我，我把他的生活搞得有多么糟糕。”

大家大跌眼镜。

“在埃里克眼中,我是家里最受宠的孩子,对此他永远也不能原谅我。他说,我和母亲之间有一种天生的融洽关系,而他和母亲之间完全没有默契可言。他觉得母亲总在跟他生气,母亲总是忙着保护我,他一直都没有得到他所渴望的那份理解。”

“他还告诉我,从一开始,大家就被我吸引。他说,‘你个头小小的，带着种种完美的特质——就好像一窝小猫当中最小的那只，我则是那个呆呆看着小家伙的傻大个。每个人都不理会我,直接把你抱起来。’”

“接着，他又告诉我他自己有多么孤独、胆怯而又尴尬,甚至追溯到了幼儿园时期,到了中学之后,这种感觉演变得更加糟糕,因为我是‘翩翩君子’,放学回家时身边总有好友无数,而他没人搭理。”

“我提醒他，在我们家里，所有表扬褒奖的话都给了他,因为他智力非凡,并且在运动方面的表现无人能及。他的答复是,‘表扬也无济于事,因为爱都给了你。’”

“于是我直截了当地问他:‘这就是你揍我的原因了?’”

“他说:‘对极了,我气疯了,实在是灰心丧气,你就是我的替罪羊。’”

“接下来,我问他,如果母亲不是总因为他打我而跟他生气的话,他对我的怨气是不是就可能会少一些。”

“他说,‘可能吧。’接着又问我,‘如果母亲和我关系非常融洽,你会嫉妒吗?’”

“我也答道,‘或许会吧。不过这样也值了,因为你就不会那么生我的气了。’”

“我们双方都经历了怎样的折磨,我们都让彼此的生活经受了怎样的破坏,而最终,他对我进行的打击以及我以自己的方式对他做出的回击,又给我们双方带来了怎样的伤害——这一切让我们倍感惊讶。”

“分手道别的时候,我们每个人都体会到了一种完整感,好像我们重又找回了自身缺失的一部分。我们知道,我们俩其实都挺不错的,并不是过去彼此眼中的恶魔形象,他是个善良的孩子,我也是个善良的孩子,这两个善良的孩子只不过是因为互为兄弟产生的挫败感而扭打不休,那两个善良的家长也为此付出了最大的努力。”

我们这次会面的时间又要结束了,每个人都身心俱疲,这是一堂情绪释放课。没有谁打算再说什么了,彼此无语,道别的拥抱无比沉重。

回家的路上,我第一次因为路途的漫长而感到高兴,并且庆幸能够拥有车中的这份宁静。需要思考的事情实在太多了。

刚刚听到的诸多内容——我心中充满了无比的敬畏之情。因为子女行为的力量居然能够从幼时起就给兄弟姐妹之间造成如此的伤痛,因为兄弟姐妹之间那如磁性一般拉动彼此重新联系、重新建立起“亲情”的吸引力，更因为那份推动经历伤痛的兄弟姐妹们重新携手为自己、为彼此疗伤的力量。

我心中对自己教授的这些技巧重新又燃起了自信的火苗。如果置身其中的成年人在过去就能掌握这些技巧，那么今晚课堂中提到的那些心酸伤痛的事件本应可以得到化解甚或是完全避免的。

“想象一下，”我琢磨着，“如果——在孩子们的成长过程中，不允许兄弟姐妹间互相伤害，教给孩子们如何以理智、安全的方式向彼此表达自己的愤怒，每个孩子都不会被拿来与别人作比较而是以独立的个体获得认可，大家提倡合作、少作竞争，每个孩子都不会被限制在某个角色的禁锢当中，在日常生活中孩子们就能够体验如何解决彼此的分歧并得到指导——这样的世界，该是多么美妙。”

“如果这些孩子在长大后成了明日世界的打造者，那么又将会是一番何等景象呢？那样的明天该会是什么样子！在这样的家庭中成长起来的孩子，他们知道如何针对这个世界的问题一击而中，同时又不会对我们这个宝贵的世界造成伤害。他们掌握了技巧，心怀承诺，必将成功。他们会成为拯救我们全球大家庭的功臣。”

外面开始下雨了。我开动雨刷器，打开了新闻广播。

不可思议，听着新闻中的世界，就好像听到了我们小组中的那些故事，只不过是发生在了更大的范围之上：领土争端，信念体系的争执；“无产者”对“有产者”的嫉妒；强大者欺负弱小者；弱小者向联合国和世界法庭进行投诉；一段漫长、复杂、充满苦难与怀疑的历史正在恶语相向和炮火连天中上演、绵延。

不过今晚，这样的新闻并没有给我带来什么影响，我心中满满洋溢着的都是乐观的情绪。如果说，在经历了如此充满伤痛、竞争与不公平的漫长历史之后，兄弟姐妹之间那种化干戈为玉帛的强烈渴望依旧如此蠢蠢欲动，几欲喷薄而出，那么我们为什么不去展望另一个完全不同的世界呢？在那样一个世界，不同种族的兄弟姐妹们会自行化解那些将他们分隔开来的委屈不满，彼此心手相连，共同探寻那份互相给予的爱和力量。

我关上了收音机。雨声渐渐止息。

豁然间，万事明朗，一切皆有可能。

新版编后记

Afterword for the New Edition

亲爱的读者们：

《如何说 孩子才能和平相处》这本书在出版后不到一个月的时间里，就爬升到了《纽约时报》畅销书排行榜第一名。一时间，我们俩被推到了“亲情专家”的位置。每个人都想跟我们倾诉，我们书中的这个话题似乎在许多人生活中都占据着中心位置，以至于他们迫不及待地想把自己关于兄弟姐妹的想法拿来与我们分享。来自四面八方的兄弟姐妹，无论青春年少，还是白发苍苍，他们在电台采访中给我们打来电话，在电视节目中向我们提出质疑，在演讲后把我们叫到一边继续交流，在研讨会中一吐心声，还有人用满纸心酸的长长信笺来向我们倾诉衷肠。甚至一些报纸杂志的记者，也在采访过程中穿插讲述一些他们自己兄弟姐妹之间的烦恼与忧虑。

我们不断倾听，也在不断学习。学无止境，一言难尽。当本书的编辑询问我俩是否考虑在本书十周年纪念之际，增添一些新的内容，我们当机立断，毫不迟疑。这样的机会千载难逢。

我们希望，能给那些子女尚幼的家长们带来更多帮助，能给那些忙于工作而不能照看子女成长的家长们带来更多帮助，能给所有为了在子女间增进良好感受和尊重行为而寻找新方法的家长们带来更多帮助。

我们希望，《如何说 孩子才能和平相处》的纪念版能给您的家庭带来一份和谐之音。

阿黛尔·法伯

伊莱恩·玛兹丽施

初期反馈

我们正在为《如何说 孩子才能和平相处》这本书在各地展开宣传,现在是电台节目的听众来电时间,我们也又一次对兄弟姐妹能够给彼此生活打下极其深刻烙印这一理念有了全新、透彻的认识。由于电台节目具有匿名性,每个人都可以在不露面的情况下通过电话表达心声,因此人们也会得到更大程度的释放,将自己心底最真的感受表露无遗。下面就是我们听到的一个范例:

“我决定不再生第二个孩子了,因为我亲眼见证了我姐姐因为我的出现而引发的种种表现。每天,家里进进出出的人们总是会不停地夸赞我多么的漂亮多么有天分,却总把姐姐晾在一旁。我绝不希望自己的孩子也经历我姐姐曾经——现在依然——经历的这些感受。”

“我永远也没法跟我弟弟达成亲密无间,或许这是因为我们的成长经历造成的。我父亲是个足球教练,从我们降生的第一天开始,他就把家中的每一件事情都设置成竞争的格局,你必须把另一个孩子打败才成。我弟弟真可算得上全情投入,无法自拔。时至今日,我给他打电话的时候,他对我的问候语也绝不会是‘嗨,乔,你怎么样啊?’或是‘你好不好?’从他嘴里冒出的第一句话肯定是‘今天买了辆新车’诸如此类的话。他还是像过去那样保持‘抢先一步’、‘高我一等’的劲头。”

“我们家姐妹三个,并且年龄都很接近。我到现在还记得,

自己一遍又一遍地问妈妈:‘你最爱谁呀?’她的答案永远不变。她会说:‘你们每个人我都一样的爱。你们就像是我的三只小熊。’哎,让我告诉你们吧,这样的说法真是很让人伤心的。在我妈妈眼中,我毫无特别之处。抱着自己只是三只小熊中普通的一个的心态,迈出家门面对世界其实真不是件容易的事呢。”

“我父亲希望他的每个孩子都能感觉自己与众不同,他对我说,‘你很机灵。’对我那表现并不突出的弟弟说,‘你与人为善。’我把他的话当做自己的准则与信条。在社交场合中,我要么畏缩不前,或是对所有人根本避而不见。只是在最近,我都已经过了而立之年,才开始渐渐明白,或许我父亲的话是错误的。毕竟,有很多人似乎都很喜欢我呢。”

“在读过你们的书之后,我开始思考,我弟弟的情况如何呢,我父亲的话对他产生了怎样的影响,是否这些就是他中途辍学的原因,是否这才是他始终对我心怀怨恨的根源。想到这些,我真是沮丧万分。”

“我在思考,父亲为什么必须要给我们的能力加以定性,并且弄得这些能力都为我们各自独有、互相排斥?为什么他不说一家可以拥有不止一个机灵小孩?为什么他不鼓励我们说我们俩都很聪明都很会与人相处呢?这一切可能对我们意义无比重大啊。”

“我父母的做法跟你们书中推荐的所有做法都完全背道而驰。最近,我对我姐姐(她都41岁了,还是会因为我是‘好孩子’而气得发疯)说:‘瞧瞧,别再让小时候爸爸妈妈对我们做的那些蠢事把咱们之间的关系一直破坏下去了。我爱你,我觉得你是一个出色的人,我真的这么认为。我需要你,希望你是我生活中的一部分。’”

甚至还有小孩子打电话来告诉我们,兄弟姐妹之间的关系给他们带来了多么不开心的感觉。

一个女孩抱怨她的哥哥说:“总是他先招惹我，最后受罚的却是我。”还有个女孩提到自己那“讨厌的”姐姐,说她本应照顾她,却把她推出了家门,一直等到父母回到家之前才让她回来。

一个10岁大的男孩对我们说,“我和我哥哥总是互相吵个不停。我们打架打得厉害极了,要是你把我们俩锁在一辆车里过夜的话，第二天早上等你打开车门，会发现我们俩已经全都死了。你们的书只写给大人看还是小孩子也可以看呢？”

巡回宣传回来之后,我们发现信箱早已爆满,全都是想与我们共同分享他们对这本新书种种感受的读者来信。下面就是这些来信的部分节选,及在以后数年里部分来信的内容摘抄。

> 手捧《如何说 孩子才能和平相处》这本书,我如饥似渴地一直读到深夜,始终不忍释卷。清晨六点半,我起身下床,利用我新学到的技巧来叫两个女儿起床,准备上学。这一切让我们的一天变得截然不同!昨天,我9岁的女儿没吃早饭,因为她不想坐在桌旁看着她妹妹的“那张臭脸”,后来我差不多是把她扛上校车的。而3岁的小女儿则一早上都在号哭、尖叫。每天早上,例行公事一般,她总会和姐姐争吵、打架、没事找事。
>
> 但是,今天早上,当大女儿嘴里冒出第一句找茬儿的话(“妈妈,舞蹈课下午才上呢,可莎莉现在就把她的踢踏舞鞋穿上了。”)，我对她说:“嗯，我对莎莉现在干什么不感兴趣。我想说说你的情况。”我9岁的大女儿一时不知所措,卡住了壳。我又施展了另外几条新技巧,还没等我反应过来怎么回事儿,两个女儿都已经从容自在地吃完了早饭,乖乖地挨个让我给她们把头发梳好,居然还向彼此挥手道别。

不过，对一个情况我至今还是百思不得其解：在去学前班的路上，3岁的小女儿对我说，“妈妈，今天我想再做乖宝宝了。现在我可以生气了吗？”

有些人不等看完整本书，就迫不及待地给我们来信了。下面这封信就是一位有三个子女的母亲在看完第一章内容后给我们写来的信：

上周是我人生中最糟糕的一个礼拜。我的大女儿艾什莉（6岁）说她讨厌自己的妹妹洛伦（4岁）。“我讨厌她，”她说，“我喜欢梅丽莎（最小的宝宝），她不会乱拿我的东西。”

我简直要崩溃了。我的孩子们彼此仇恨，互相讨厌对方。我怎么处理这样的局面？我烦透了，走到楼下书架，找出了还一页没动过的《如何说 孩子才能和平相处》这本书开始读了起来。这一天是星期五——也是倒霉一周的终结。到了星期六的早上，我还只是在消化书中的第一章内容呢，艾什莉走下楼梯，哭着喊：“洛伦把我的粉笔弄断了！我现在没法用啦！”

我：哦。

艾什莉：她弄断了三根呐！她老是动我的东西，她把什么东西都搞坏了。

我：噢，艾什莉，我明白你有多难受，多生气。（这时候我停了下来，因为我只读到这里，不知道往后该如何继续。）

艾什莉：我有个主意！记得玩具柜里的那块旧黑板吗？咱们干嘛不把那块黑板拿给洛伦，再给她自己预备些粉笔呢。

我：(感到很吃惊)我觉得这主意真好！咱们这就去拿吧。

阿黛尔和伊莱恩，谢谢你们。现在，我的信心更足了，我迫不及待地想要快点儿看完这本书剩下的内容呢。

就在我们为自己打造的这部作品所产生的力量与明显效果庆贺的时候，这封信不期而至：

亲爱的法伯女士与玛兹丽施女士：

不知你们是否可以给我提供一些解决子女争执的可用信息？我刚刚读完了《如何说 孩子才能和平相处》这本书。我有两个女儿，年龄分别是10岁和7岁，她们俩简直搞得我要发疯了！不管我怎么做，她们都水火不容，永远打个不停。有一天，我实在是灰心到了极点，让她们到外面翻垃圾桶找饭吃，因为她们打起架来就像小巷里的猫狗大战。我简直不相信自己居然说出这样的话来！拜托请帮帮我吧。

这封信的出现让我们锐气顿失，我们一直幻想着自己能够把每个人的子女问题都解决得彻彻底底，顺顺利利。下面这一封信又让我们重新打起了精神。

我之所以写信来，是想让你们知道你们的书有多么精彩奇妙。我是从一个最最不正常的家庭中成长起来的。我鄙视那些貌似万能灵药一般的图书，根本没法将它们合理地应用到我自己的生活中来。然而，你们这本书，对我的生活

状况来说，简直是不可思议的实用。感谢你们如此细心、如此体贴地把这本书带给我们。

有些家长来信告诉我们，我们的书如何给他们带来灵感，激发他们想出自己的问题对策。一位父亲写道：

我的三个儿子，不管什么时候，每个人都抱着“我要当第一”的念头，没当上第一的那个就会哭哭啼啼。这种念头已经渗透到了生活的方方面面——谁第一个坐到车里，谁第一个吃上饼干，我把临睡一吻第一个给了谁，无论什么事情，没有他们不争的。

最近，我发明了一个自己看来很不错的回答。我说：“你是第一个当第二的。”这个法子很奏效啊！那个排在第二位的孩子会骄傲地说：“哈哈，我排第二，我是第一个排第二的哦。”其实我真正想让他们了解的关键问题是，他们每个人对我来说，都是排第一位的。

一位孩子分别是 6 岁和 8 岁的母亲来信写道：

你们书中的技巧对我的两个女儿来说就好像咒语一般有效——除非是她们两个同一时间要同一样东西的时候。在这种情况下，甭管争抢的是什么东西，她们都会把这东西握得死死的，不管我说什么、怎么说，都不会放手。她们俩完全沉浸在自己的拔河拉锯战里，根本听不到我在说什么。

现在，我有一个巨大的发现：要想打开死结，唯一的方法就是把争抢的东西从她们眼前拿走。但是不要把这事儿当做惩罚行为，不要说这样的话——“好啦，就这样吧！现在你们俩谁也别想拿到了。”要给她们指出需要她们完成什么任务。我会说：“为了安全起见，现在把这东西放在架子上，你们俩想个办法，怎么样才能在不打架的情况下一块儿用这个东西。只要你们想出法子了，告诉我，我就会把东西给你们拿下来的。”

我第一次使用这个方法时，开始她们俩都跟我求情：“好啦，妈妈，让我先玩儿吧，过5分钟再给安吉玩儿。”我说：“这事你需要跟安吉商量去。”我始终都指引她们重新回到彼此商谈的道路上。现在，她们已经明白了我的意图，彼此在商讨过程中也能一直保持彬彬有礼的状态。

又及：我还是没有掌握下一步——如何从一开始就让她们掌控局面而我自己彻底置身事外。我在考虑建议她们，同类情况再次发生的时候，由她们俩在家中指定一个中立的地点，把互相争夺的东西放在这个地方，直到她们确定下一步如何做。

等有了新的进展，我再来告诉你们。

由于《如何说 孩子才能和平相处》这本书被翻译成了数十种语言，我们也收到了许多来自其他国家的信件。下面这一封是从法国写来的：

和许多家长一样，我觉得子女争宠的问题不会在我这里出现，但自从我怀孕第一天起，克劳德就不想让我要这个宝宝。他一刻不停地追问我为什么要怀这个宝宝，我给他的回答是：“我和爸爸都特别爱你，我们想再有个小宝宝！”（他

一定对这个答案很满意!)直到有一天,我把真相告诉了他:“我根本没打算要这个宝宝,有时候我真希望自己没怀他!”后来他再也没有问过我。

玛丽是在克劳德刚好3岁的时候出生的。在我怀孕的整个期间,克劳德总会说些这样的话,“把宝宝放到垃圾桶里。”后来又变成了垃圾车,因为这样所有垃圾“都能给捣烂了”。其他时候他还会让我“把她放到水沟里,这样雨水就会把她冲到澳大利亚”找她的爷爷奶奶去。我听着这一切,还跟着点头称是。朋友们对此都感到非常惊奇,我只是希望这样的聆听能够化解这份嫉妒。实际情况并非如此。随着他们俩渐渐长大(克劳德6岁了,玛丽3岁),玛丽公认变得越来越温柔、可爱、活泼外向。克劳德则跟她截然相反,非常腼腆、内向、很难交到朋友。事情变得一天比一天更糟糕。我最最讨厌的事情是,克劳德总会不分青红皂白地给他妹妹捣乱,惹她心烦。这让我很郁闷。

我告诉克劳德我对他和玛丽的爱一样多,但这并不能让他满意。我解释给他听,妈妈的爱总是会不断增长的,但日复一日,他总拿自己得到的东西去和玛丽作比较——玛丽和我在一起待的时间更多,我抱她抱得更多,她和爸爸待在一起的时间也比他多。我告诉他,生活不是“相等的”,但这似乎没有解决任何问题。

昨天,一位朋友送给我《如何说 孩子才能和平相处》这本书。我一口气读到傍晚,读完了全书,这样整个晚上和早上我就可以展开实践了。结果十分不可思议!截止到今天早上,他们才只打了一架,简直是十足的奇迹,并且他们俩还打算共同找出一个双方都满意的解决方法来。同时,我也把他们俩的委屈抱怨全都记了下来,当然还有他们看重、喜欢彼此的地方。这种做法非常成功。当玛丽说她喜欢克劳德给她读书时，克劳德居然真的立马坐下，给她读了六本书！

几个月后，我们同样从这位母亲那里收到了一封后续来信：

我的家已经彻底变样了！现在，我常常会看到这样的情景，玛丽开始哭闹，克劳德则对她说："别哭啦，别哭啦，玛丽，我不是故意的。咱们想个法子吧。"我再也没有听到我们抱玛丽抱得更多，她的衣服更多、玩具也多之类的抱怨。就在我写下他们喜欢和不喜欢对方身上哪些地方那份清单之后的一个星期，我们对这份清单又进行了重新讨论。玛丽的第一条是，"我喜欢克劳德，他对我很客气。"的确，克劳德身上产生的效应很是惊人。这是玛丽对他种种全新优秀表现的最完美评价。

这里还有另外一个例子：大约一个月前，玛丽说她不敢到她的壁橱（他们卧室隔壁的一个小隔间）去，因为"克劳德说那儿有大灰狼"。我真想告诉克劳德这么吓唬他妹妹可是蠢透了，接下来，我又一想，"换了阿黛尔和伊莱恩，她们会怎么说呢？"于是我说："克劳德，能不能请你到壁橱去把大灰狼赶走啊？"

听了我的话，他真的上楼去了。等他回来的时候，他告诉玛丽说自己已经把大灰狼杀死吃掉了。这样的话似乎让玛丽安下心来了。后来，克劳德跟我承认，他之所以告诉玛丽说壁橱里有大灰狼，其实是为了阻止她没完没了地翻腾她的衣服，变着法儿地换衣服是玛丽最热衷的活动之一，也是一件最令我抓狂的事情。

我该怎么谢谢你们才好呢！

Ⅰ.如何应付敌对的小家伙们

迈出新的一步

在我们这本书出版后举办的研讨会中，大家提出的一个话题就是，在孩子们幼年时把子女争宠的特殊问题处理好的必要性。下面就是我们小组里一些家长的观察与建议，我们认为这些内容尤为富有价值：

“在我看来，你们所讲述的这些技巧，对那些彼此关系大体上还算融洽的孩子们会比较有效。如果他们从根本上就把对方视为讨厌鬼、害人虫或是敌手，这些技巧对他们来说就没什么激励作用了。如果父亲说：‘你刚刚抱了小宝宝，把她给弄哭了。’哥哥可能正暗地里偷着乐呢。因此，我认为最重要的是，在孩子们年幼的时候就竭尽所能为他们营造出良好的关系氛围。孩子们需要体验很多很多共度美好时光的经历，这样，等到冲突和斗争出现的时候——这一幕肯定会出现的——他们双方都能拥有可追溯的美好回忆，让他们能够重新想起彼此之间积极正面的融洽关系。”

这样的论断让大家不禁点头称是，还有很多例子教我们如何去实现这一目标：

你们俩原本玩得好好的

“孩子们在屋里到处疯跑，年龄较大的儿子不小心撞到了较小的孩子身上，小的那个跟我哭诉：‘托尼把我推倒了。’我说：‘哦，不会吧！你们都不愿意发生这样的事儿的。你们俩本来在一块玩儿得好好的呢。’这样一来，似乎两个孩子都迅速地从中恢复了过来，还提醒了本来他们之间就存在的和睦关系。”

听听儿子们今天做了什么

“有时候，谈论儿子们一起做的有趣的事情，我会故意让他们听到。我当着孩子们对丈夫说：‘你知道今天丹尼(4岁)教给萨姆(2岁)什么吗？他教给他怎么从凳子上跳到豆袋椅上。’丹尼咧嘴给了我们一个大大的笑容。‘而萨姆的主意是藏在豆袋椅下面假装乌龟。’这回轮到萨姆冲我们笑了。”

问问姐姐，她很擅长这个

“很多时候，我两岁的女儿要我帮她做某些事情，我都故意指示她去找她的姐姐寻求帮助。我说，‘让梅丽莎来给你帮把手。她特别会串珠子或是打结，或是裁东西’——或者是其他任何事情。不知不觉间，她们俩已经坐在地上，一块儿开始忙活啦。”

幸运的女孩有个这样的哥哥

“我哄着小宝宝，嘴里念叨着她对我们多么重要多么的珍贵，这时儿子走到了我面前——第一次发生这样的情形，他看起来简直要崩溃了。于是，我又马上转过来哄这位小哥哥。我一直不停地用平静的语调念叨着，说她是个多么幸运的孩子，有这么个能力超群的哥哥——会自己穿鞋，又会自己用便盆，还会骑三轮车，总之我能够想得到的事情全都往上招呼。大卫看起来满脸自豪与高兴，我也不禁为自己找出了一个能让他俩得其所需的法子而沾沾自喜。”

为所有人安排有趣的活动

“我绞尽脑汁，尽可能琢磨出更多能适合我那20个月大和4岁大的两个女儿一起快活玩耍的活动。特蕾西负责给帕蒂吹泡泡，帕蒂则啪啪地把泡泡拍碎。帕蒂敲着鼓，特蕾西则踢着正步满屋走。一个人坐在消防车上，另一个人负责推。一个人开着卡车，而另一个充当交警告诉她什么时候停步什么时候开动。这样的做法全都很奏效。”

我听到有人哭

“每当听到隔壁传来尖叫或是哭闹的声音，我第一个念头就是冲过去，指责大孩子欺负小的。我知道这样做会给他们的关系带来很大损害，但我总不能对哭闹声坐视不管。最近，我找到了一个绝佳的解决办法。我会喊一嗓子：‘我听见有人哭啦。你是需要帮助还是自己就能搞定啊？’我第一次这么说的时候，出现了长时间的沉默。接着，我听到大孩子说：‘我们自己就能解决。’现在，每当我用上这个法子的时候，这也是他说的最多的一句话。有时，他也会大方地叫我过去并告诉我发生了什么事儿。这种办法我很喜欢。我希望两个儿子都能知道，当他们需要时，寻求帮助也是合情合理的。”

你们俩是一个队的

“如果我希望4岁大的双胞胎女儿能够快速完成某件事情时，我就会给她们安排一点小小的竞赛。我会说，‘看谁最先穿好衣服呀？’或是‘看谁最先把自己的玩具收好？’不管怎样，只要能促使她们行动起来。我的目的其实就是让她们行动起来就好，但随之而来结果却不怎么样。胜出的一方会得意洋洋地喊：‘哈哈，哈哈，我打败你啦。’输掉的一方则会哭哭啼啼，还会跟她的姐妹生半天气。”

“后来，我读到了《如何说 孩子才能和平相处》这本书中的一个概念，大致是说——‘你们俩就好像一个团队’，我也由此改变了自己的策略。现在，竞争不再是她们俩之间的竞争了，转为了她们俩与时钟对抗的竞争。我会说：‘我把时间定在五分钟。你们俩能在闹铃响之前把鞋和袜子都穿好吗？’小小的改变，带来很大的不同。现在，她们俩会咯咯笑着，冲过去互相帮助，无论她们是否赢得了和时钟的竞赛，我都会说：‘你们俩就是一个完整的团队！’听到这样的话，她们俩欢欣雀跃，倍受鼓舞。”

“这样的做法，也给我自己带来了很好的感觉。她们在这么小的年纪就学会了如何团队协作，等到长大以后，更会懂得齐心协力，联手共进。

财产权

“我可不想生活在一个大家为了一些小东西而争吵不停的家庭里，我觉得设定一项关于物品所属的总体方针是非常重要的。我跟我的孩子们(一个 3 岁，一个 4 岁半)解释说，家里大多数的东西都是大家共享的。例如，爸爸刚买回来一套螺丝起子，如果我需要用一下其中某个起子，爸爸不会说，‘不行，你不能用。这是我的。’我也刚刚买回来一个打蛋器，如果爸爸想用一用，我也会欣然同意的。所以，我们家的总方针就是，家里的大部分东西在哪个人想用或需要用的时候，都可以使用。”

“同时，我也跟他们解释，有些东西很特别或者很新，要么就是非常脆弱易碎——比如爸爸为了过生日买回的照相机或是我那精致的钢笔——这些东西都是不能共享的。对那些我们专门放在特殊地方保存的东西，如果想用，你们必须要得到准许才

行。因此，如果有哪件玩具你不希望别人触碰或是使用的话，你可以告诉大家是哪件玩具及你打算把它放在哪里，我们都会尊重你的决定的。”

“在我们家里，给每个女儿都指定了属于她自己摆放特殊物品的架子，架子上还有她的名字，并挂上了私人物品的标识。这就意味着，如果你想使用这些玩具中的任何一样，你必须首先向玩具的所有者提出要求。如果架子变得拥挤不堪了，这种情况每过一段时间就会出现，这时我们就会检查一下，看看哪些玩具是必须留在那里的，哪些玩具可以拿出来做公共物品。”

“从理论上来说，公共物品是个很棒的主意。但我发现，只要我的大儿子看到他的弟弟在玩什么东西，他就会马上把这东西从他手中抢过来，他好像有强迫症似的。我老是冲他大喊：‘住手！你发什么神经！你没看到他正在玩这个东西吗？’或者是‘离开你弟弟。他先拿那个东西玩儿！’但这样的做法根本不能解决问题。最后，我和大儿子坐下来讨论这种奇怪的状况——他总是控制不住自己想从别人手中把某些东西夺过来。‘就算你知道自己不应该这么做，但你身体里的某种东西会促使你产生冲动去做。屋里可能有一百件玩具，最好的那件恰巧就是别人手里那件。’”

“我们就这个问题谈了很久，将此归结于人的某种怪癖——不管这说法正确与否，总之就是人们的一种古怪举动。这次对话是一个转折点。现在，他想要从弟弟手中抢夺东西的时候，我都会制止他的行为。他再也没有跟我吵闹较劲，我们只是互相望一望，然后半苦涩半开心地异口同声大声说：‘最好的玩具永远是别人手中的那个。’”

“对我来说，处理抢东西问题时，我的理念是，接受每个人的感受，但给不可接受的行为指明改过的方向。如果我的哪个女儿从别人手中抢来了一样玩具，我就说：'哦，凯西，你现在一定是特别想玩艾米丽的吹泡泡棒，你简直迫不及待了，但我们的规矩是不能从别人手中抢东西。你可以跟艾米丽说，你想下一个玩这个东西，她很乐意与人分享东西呢。'"

"接下来，我跟艾米丽说：'等你用魔术棒吹完泡泡时，请告诉凯西好吗？因为她想下一个来玩儿。'然后，我牵着凯西的手说：'等待的时候，咱们另外找一个好玩儿的玩具吧。'这是个小把戏，我也不经常用它，我只是尽量以此同时照顾到她们双方的需求并兼顾她们各自的感受。"

罚……还是不罚

我们举办的很多研讨会中，人们总是不断提到一个问题：不论任何原因，如果某个孩子伤害到了他的另一个兄弟姐妹，他是否应该受到惩罚呢？尤其是，你已经上百次地提醒他，"要用语言来说，不要动拳头。"假设他还是不听劝阻继续打人呢？难道不应该采用一些更强烈的手段吗？难道不会拿走一些他很在意的东西或是剥夺他很看重的一些权利吗？比如禁止他看最喜欢的电视节目？至少暂时性地让他"闭门思过"呢？

我们把这个问题重新又抛给了组员。大家达成了共识，惩罚可能会暂时性地制止挑衅者的行为，但对子女之间的关系来说，长远的影响反而会更趋恶化。挑衅者有理由对他的兄弟姐妹心怀更大的怨恨，因为他把兄弟姐妹们看成是造成他受罚的原因。对于被欺负的一方，他们单独和这位兄弟留在家里的时候，安全系数可就更低了……

同样，选择"闭门思过"的方式，也会发生如此情形。一位母亲曾经提到自己到育有一对3岁双胞胎儿子的妹妹家做客的经

历。一个男孩拉着她的手，指着自己房间角落里的椅子说："这是思过椅。我打了弟弟，他们就把我放在思过椅上面。我想啊想,然后跑出去,又把他打了一顿。"

尽管大多数人都一致认为惩罚孩子以及"闭门思过"这样的措施会带来一定的负面影响,但除此之外,人们还是存有一些疑虑。一位女士说:"我还是觉得,有些时候,不得不让孩子受点儿惩罚。今天早上,艾米(她 4 岁了)狠狠地推了比利一把(他才 18 个月大),结果比利跌倒了,脑袋磕在了硬硬的地板上。他歇斯底里地哭喊,我也气得简直要发狂。这可不是她第一次如此对待比利了。我跟她说她实在是个非常差劲的孩子,她应该到自己的'思过角'去，在那儿一直待到她明白自己应该如何做事再说。我就一直让她在那儿待着,一直到保姆到来。除此之外,我还能怎么做呢？"

她所面临的挑战让我们的小组进入到了热烈的讨论中。我们全都同意,不能让大孩子不断地伤害小孩子。但另一方面,我们也对大孩子产生了一丝同情之心。对于任何一个孩子来说,不得不忍受一个 18 个月大的弟弟或妹妹，都是件不容易的事儿。有几位家长谈到了自己家里的情况，蹒跚学步的孩子把哥哥姐姐的玩具丢到一边，对他们又咬又挠，要是自己的心愿没有得逞,还会张嘴咬人,疯狂喊叫。我们都知道,幼儿时期的小孩子,都会经历这样一个发育阶段，尚未学会说话的孩子会用身体动作来表达自己的需求,这很正常。但不管怎样,小组中的很多人都认为,教会大孩子如何以非伤害性的方式来应对弟弟妹妹,给予孩子们有益的回应,这还是取决于家长的态度。

艾米的母亲还是坚持自己的观点,"那么，我究竟应该如何去做呢？"她发问。

大家迅速给出了响应。一位母亲说："我的女儿对我是有样学样。每当我失去冷静，对着她弟弟大喊大叫的时候，过不了一会儿，我就会听到同样难听的话语从她的小嘴巴里冒出来。但是，如果我说的是‘嘿，本杰，不许再咬妈妈啦！你可以去咬你的毯子或是泰迪熊呀’之类的话，那么五分钟之后，我就会听到她也能如此宽厚地对待自己的弟弟了。”

一位父亲说：“我努力想让5岁的儿子知道我对他的期许。我告诉他，‘我知道，妹妹又踢又打的时候，要你待在她身边是件很不容易的事儿，但你可不能反过来打她哦。她还太小，有好多东西要学呢。如果你、我还有妈妈——咱们每个人都做好自己的事情，教她以更好的方式来获取自己想要的东西，慢慢地，她就会明白哪些事情是可以做的，哪些又是不许做的。’”

“所有这些法子都是防止孩子打架的，”艾米的母亲说，“我还是不知道，在大女儿打伤了自己的弟弟之后，我应该做些什么呢。如果答案不是对她进行惩罚，又该是什么呢？”

“我有个想法，”一位女士说，“如果你坐下来，和艾米一起商量着怎么解决问题，这样会有帮助吗？不要在他们打架的过程中，也不要选在你怒火中烧的时候，而是在你已经把小宝宝安抚下来后，你们俩都感觉冷静一些的时候。”

艾米的母亲看起来有点儿怀疑：“解决问题？……和一个4岁大的孩子？”

有些人提议我们可以尝试做一个试验。那位提议解决问题的女士是否愿意假扮成艾米的母亲并展示一下两人可能进行的对话？艾米的母亲是否愿意扮演一下自己的女儿？两位女士都应允了。下面，就是她们俩上演的解决问题的每一步骤的原景重现：

第一步：倾听孩子的观点。

母亲：比利今天早上惹得你很生气，所以你把他推倒了。

艾米：他太讨厌了。

母亲：他确实惹得你很烦很烦。

艾米：我正给我的火车搭铁轨呢，他老是把它们乱抓一气。

母亲：肯定很让人泄气啦——你想把铁轨连接好，总有人抢你的零件。他还做了其他干扰你惹你心烦的事儿吗？

艾米：他老是拿我的玩具，啃我的橡皮泥，还把我的玩偶盒给打破了。

母亲：看来，他做了好多让你心烦气恼的事情啰。

艾米：是啊！

第二步：表达你的观点。

母亲：要是我的孩子互相伤害，我会感到非常难受的。

第三步：请孩子和你一起开动脑筋。

母亲：咱俩一块儿来开动脑筋好好想想，看看能不能找出一些在比利惹你烦的时候，对你们俩都有好处的事情呢。

第四步：把所有的点子都写下来——不要对它们做出评价。

艾米：把他锁在他屋里。

母亲：好吧，我把这主意记下来。还有其他的吗？

艾米：（现在开始哈哈大笑）把他绑在一把椅子上。

母亲：我记下来啦，还有其他的吗？

对话逐渐变得严肃认真，小组成员们心无旁骛，专心致志地注视着一切进展。“母亲”指出，有时候，家里人会把彼此惹得生气又烦恼，他们需要找出互不伤害和平共处的办法来。下面就是最后大家一致认可的一系列解决方法：

解决方法

1. 轻轻地把比利的手推开，对他说："我现在正玩儿着呢。等我弄好后，我会告诉你的，这样就能轮到你玩儿了。"

2. 把你手头正玩着的东西拿几个给比利玩——比如几片轨道零件、一列火车，或是几块积木。

3. 让比利另选一些他可以玩的其他东西。对他说："你可以去玩我的小钉板或是捣捣工作台。"

4. 把你的东西拿到一个比利够不着的高桌子上去玩。

5. 有些东西等到比利睡午觉的时候再玩(比如画画的颜料或是橡皮泥)。

6. 如果没有其他的有效法子，就找别人来帮忙。你可以喊："妈妈，我需要帮助！"然后，妈妈就会过来的。

当解决问题过程的示范接近尾声的时候，出现了很多反馈之声：

"我不明白为什么这种方法对现实中的艾米不起作用。"

"这种方式让我喜欢的地方是，它让母亲和女儿站在同一阵线，而不是和女儿处于对立的状态。"

"我注意到的是，对她们来说，找出对付一个咿呀学语的小孩子的切实可行的方法，并不容易。要找出解决方法其实是个挺困难的事情。"

"确实如此，但这样做让解决方法真正变成了可能。"

艾米的母亲听着这一切，对着我们大家，面露喜色。"知道这对我来说有什么感觉吗？"她问。"通过扮演艾米，通过让我进入到她的角色中，站在她的角度去思考问题，我感到自己能够同情、体谅她了。并且我开始用她的观点来看待事物。今天我简直迫不及待地想回到家里，肩负起一个真正母亲的职责。"

家长的故事

为养育着年幼孩子的家长们举办研讨班，最大的回报就是，一周接一周，我们总能持续不断地从家长们那里听到发生在他们身上的真实故事。下面就是随机抽取的一些让我们所有人都会心而笑的故事。

命令、威胁、警告——比起采用这些典型方法来制止孩子们不当行为的情形来说，如果能够对孩子当时的情绪思想表示感同身受，那么就能够产生第一个故事中截然相反的效果。如果别人能够接受孩子的强烈感受，那么要他来对自己的行为做出改变其实真的会容易很多。

“我想要杰克的那根枝子！”

场景：我正忙着收拾花园，三个孩子在近旁的院子里玩耍，他们分别是4岁的双胞胎詹姆斯和萨曼莎，还有2岁的杰克。我蜷缩着身子蹲在房子旁边的花圃里，使劲儿把杜鹃花的枯枝都给拔掉，然后越过灌木丛，扔到草坪上。孩子们正从越堆越多的树杈堆里挑出一些树枝拿着玩儿。突然间，冲突就爆发了。

詹姆斯：把那根枝子给我！（使劲儿去抢他弟弟手中的那根枝子。）

杰克：不给，这是我的树枝。（从詹姆斯身边跑开。）

詹姆斯：我想要那根。给我给我。（追上了杰克，并且抓住了那根树枝。）

杰克：哇啊啊啊！（使劲儿抓着那根树枝不放。）

妈妈：（从灌木丛后面探出头来。）这是怎么回事儿？

杰克：詹姆斯想抢我的树枝。

妈妈：詹姆斯，别招惹杰克。

詹姆斯：可我需要那根树枝。

妈妈：你用不着拿杰克的枝子，你自己就有。

詹姆斯：（丢掉他自己的那根树枝。）这根枝子不好。

妈妈：那好吧，再另捡一根儿吧。

詹姆斯：我不想另捡一根儿，我想要杰克的那根枝子。

妈妈：你不能抢杰克的枝子啊，他先捡的那根。

萨曼莎：嗨，詹姆斯，你想要我的这根枝子吗？

詹姆斯：不，我不要你的，就要杰克的那根树枝。杰克，你现在就把那根枝子给我！

妈妈：（从灌木丛后面走出来，用手扒拉了一下草坪上的那堆树枝子。）瞧瞧，詹姆斯，这儿有根挺不错的树枝，还带叶子呢。这儿有一根也不错，还真是挺长的呐。

詹姆斯：（大吼大叫）那些树枝都不咋的，我才不要那些破树枝子！

妈妈：詹姆斯，如果你不立刻住口，停止大吼大叫的话，那你就得进屋闭门思过一阵子了。

詹姆斯：（还是继续吼叫）我才不要闭门思过，我就要杰克的那根枝子！杰克最好马上把他那根树枝子给我。

妈妈：（至少还记得要对孩子的感受表示理解。）詹姆斯，你还真是想要杰克的那根树枝哦。

詹姆斯：没错！我就是想要。

妈妈：（同情地说）你觉得杰克的树枝是最好的，得不到他那根树枝你特别失望。

詹姆斯：耶……耶。嘿，萨曼莎，快看，有只蝴蝶！咱们扑蝴蝶去。（追着蝴蝶就跑了。）

妈妈：（大张着嘴巴站在那里。）哦我的天，这法子还真管用啊！

一位母亲描述了她效法"当家里每个人都抓狂时"的新方法。

我用“戏剧效果”的方式

当全家人都生气的时候，我使用“戏剧效果”的方法来解决……而且还真管用。上次发生这种情况的时候，我非常大声地喊：“天哪！每个人都疯了！我疯了，卓依疯了，迪尔疯了，爸爸疯了，甚至连猫都疯了！我们大家都花几分钟时间安静一下，然后一起在餐厅吃甜点。”过了几分钟，每个人都从自己的情绪走出来了，大家围坐在餐桌边。我说：“哇，我们刚刚发生了一场家庭爆炸，像是四座火山爆发，你猜怎么着？我们逃过一劫！没有人缺耳朵，也没有人被臭脚踢着，没有人被伏地魔（哈利波特中的人物）带走，我们还都活着。哇，太震撼了！”每个人都开始补充那些大家躲过的事情……最后，我们都大笑起来。

我们小组里一位家长的孩子不愿意读书而且有把这行为形成习惯的趋势，于是她给孩子写了个条子。下面这三个故事讲的就是用文字形式给学前的孩子们讲道理所发挥出的力量。

弟弟不是用来乱推的

我一岁大的儿子刚刚开始学习走路，三岁的儿子老是不断地把他推倒。有一天，我决定用胶带在宝宝的T恤衫后面贴上一个标志，上面写着："弟弟是用来爱的——不是用来推的"。然后，我把标牌上的话读给三岁的儿子听，他真的没有再去推弟弟了。

照看宝宝时的来信

我5岁大的女儿患了感冒，我叫她不要去靠近新出生不久的小宝宝。一天的时间慢慢过去，我反反复复地告诫她不要去靠近小宝宝，只是徒劳，丝毫不起作用。最后，我决定给她写个条子，假装好像是宝宝写来的一样。下面就是我写给她的内容：

亲爱的伊丽莎白：

等你的病好一些的时候，你可以想怎么抱我就怎么抱我。

爱你的艾米丽

看到这张纸条，伊丽莎白简直兴奋不已。接下来的几天里，她至少让我把这条子给她读了15遍到20遍。并且她确实没有再去接近小宝宝哦。

我也想要个牌子

我简直快要发疯了。每天清晨4点到6点，我那两岁半的儿子斯宾塞就会溜下自己的床，爬到小宝宝的婴儿床上把他弄醒，因为他想和他"玩儿"。而9个月大的宝宝拉塞尔，则自此开始哭闹不休。我不由得冲进房间里，把斯宾塞拖出来，给他的后背掴上一巴掌。于是，斯宾塞也开始哭喊，小宝宝则会跟着哭闹得更凶更响亮。这样的情形持续了好几周的时间。

一天，我读了《如何说孩子才会听 怎么听孩子才肯说》

里面关于给不会读不会想的小孩子写纸条的内容,“我也可以这样做!”我对斯宾塞说:“拉塞尔不会写,他需要有人给他写一张牌子挂在床上。你比他大,你可以来写。”我给他拿来彩笔和纸,他在上面乱写一气。接着,我在同一张纸上写下了:这是拉塞尔的床。其他人止步。

后来,我在宝宝婴儿床上方的墙上贴了一个标牌。斯宾塞问我:“那上面说的是什么呀?”我把内容读给他听。接着他又说:“我也想要个牌子。”于是,我们俩一起动手做了一个牌子,上面写着:“这是斯宾塞的床。其他人止步。”

信不信由你,这法子真的有效!现在,每天早上,斯宾塞都会指着宝宝婴儿床上的牌子念道:“不要过来。”我们的宝宝现在也开始学说话了,他也会模仿哥哥的样子,跟着说:“表过乃!”

最后这个故事向我们展示的是一位母亲如何让一个三岁大的孩子对她自己的行为承担责任的情形。

我就喜欢咬人

我简直已经黔驴技穷了。凯莉(3岁)最近开始咬她的姐姐爱丽丝(5岁),我无论说什么做什么都没法止住她这种行为。和一个3岁大的孩子谈什么解决问题听起来都有点疯狂,我真的都要绝望了。上礼拜研讨会后的第二天早上,我拿出一张纸,告诉她们,我打算把她们俩对咬人这件事的感受全都写下来。咬人的凯莉那叫一个兴奋,挨咬的爱丽丝则说:“这可真够蠢的!”

下面就是凯莉让我写下的内容(记录的时候让我绷着脸没有表情还真是困难):

我喜欢咬人。

咬人的感觉真棒。

咬人很好玩儿。

接着，爱丽丝说："我也要列个单子！"对她的意见，我记下的是，爱丽丝因为被妹妹咬并且还莫名其妙搞不懂原因而感到生气。

再后来，我们一起制定了一份解决方法清单。里面的内容包括以下之类的建议：

咬吃的。

用话说。

走一边去。

从那之后，每次凯莉开始咬人的时候，爱丽丝就会喊："那张单子！想想那张单子！"凯莉则会就此住嘴，退缩回去。这可真是奇妙啊——就像是对着吸血鬼比划十字架手形一样。有一次，凯莉跑到冰箱那儿，回来的时候嘴里啃着个苹果。还有一回，是在超市里，她非常烦躁不安，总想咬我的腿，但总体来说，她的表现确实是越来越好了。

Ⅱ.小鬼当家

在我们的研讨班里，那些孩子稍大一些的家长们关心的问题是不同的。大多数父母都要离家去工作，特别是那些单亲家长别无选择，只能把学龄子女独自留在家中，直到他们下班归来。白天的很长一段时间里，孩子们周围没有人照看监督，如果一个孩子对另一个孩子做出伤害性或暴力性的行为，没有可依赖的大人来预防、指导、抑制、阻止他们的举动。父母们即使在上班时间，也会因为家中发生的情形惴惴不安。我们小组中的那些继父母，他们面临的问题就更严重了。那些独自留在家里的兄弟姐妹们，必须要让他们各自原本不同的家庭规则、行为观念、生活方式以及个性相互磨合、适应，甚至还要共同配合，组成一个和谐协作的团体。

在我们的研讨小组中，大家一致认为，在能够真正和孩子们待在一起的有限时间里，家长们一定要抓住每一个机会，营造良好的家庭氛围，并教他们的亲生子女和继子女如何以文明、安全的方式相互交往。

随着我们的研讨会继续往下进行，家长们带来了更多他们自己如何将新的技巧和信念付诸于行动的亲身体验。下面就是他们跟大家分享的一些尤为难忘的经历。(有些故事是书面写下的文字记录，还有一些是我们留下的录音资料。)

你必须自己跟他说

想起昨天发生的事情，我实在是难以抑制心中的激动，迫不及待想与你们一同分享。平时吉尔(11岁)跟我抱怨大卫(13岁)所作所为的时候，我通常是这样做的。下面就是我们平常的一个典型对话场景：

吉尔：(我下班回到家后她嘴里冒出的第一件事情)妈妈，大卫也太可恶了。我讨厌死他了！

我：为什么？冷静点儿。发生什么事儿了？他又干嘛啦？

吉尔：他把我从他房间里踢了出来，就因为他那些蠢朋友来了。他对我说："滚出去，讨厌鬼。"

我：哦，那你打扰他们了吗？

吉尔：根本没有！我只不过是找他借块橡皮，他不同意借给我。

我：什么？他连块橡皮都不借给你？

吉尔：是啊。我做作业需要用橡皮呐。

我：好吧，今晚上我跟你哥哥谈谈。亲爱的，你别担心啦。他以后绝不会再这样啦。

吉尔：好吧！你跟他说去。

这次我并没有照此去说，而做出了一个彻底的转变。我没有偏袒哪一方，也没有试图判定谁对谁错，也没有对大卫吼来吼去。实际上，我试着做了许多我从这里学到的东西，而这给每件事情都带来了改变。下面就是实际发生的情形：

吉尔：大卫太可恶了，我讨厌死他了！

我：哦，他肯定是做了什么让你气得不得了的事情。

吉尔：他把我从他房间里踢了出来。他对我说："滚出去，讨厌鬼。"

我：那你肯定感到很受伤哦。

吉尔：是啊！他还是当着他的朋友们的面这么说的。

我：那可是够尴尬的。

吉尔：没错！他跟我好好说不行啊。

我：（我思考了半天才想出下面的话，并且我是慢慢地说出口的。）那么，你希望大卫知道，如果他想跟自己的朋友独自相处，他可以用一种客气的方式对你说，而不是对你骂骂咧咧的。

吉尔：嗯，是啊……或者说不要对我推推搡搡的。那么，你去把这些话告诉他吧。

我：（下面可是我最最骄傲的地方。）亲爱的，如果这些话由我来说，只会让他对你的怒气更深。你必须自己跟他说——跟他说你刚刚对我说的那些话。你的意思说得非常清楚呢。他用不着非得弄得你下不来台或是推搡你。如果他想和朋友独处的话，他只需要用客气的方式让你离开，你就会离开啦。

嗯，她看起来对此不太开心，但也没有跟我继续纠缠下去。就算她跟我接着闹腾，我也不会感到多苦恼。我知道，自己的计划已经步入正轨。我教给她如何运用正确的语言向她哥哥表达自己的烦恼与气愤，其实更是教会她如何在我不在场的情况下，以一种不会在他们之间造成更糟争执的方式来互相沟通。

付诸笔头

我曾经认为，等到子女们十多岁的时候，我就不需要再为什么“子女争宠打架”之类的问题烦恼了。但是最近，他们之间的关系每况愈下，愈发恶劣，两个人在家里已经是水火难容。自从我妻子重新恢复上班之后，情况更是糟得不能再糟了。每天下班回到家，刚刚走进门，还没来得及放下公文包，两个孩子就扑过来，每个人都想把我拉到一旁，控诉对方的恶行。

尽管如此，昨天晚上，我还是准备好了应付他们的对策。我静静地听了一会儿他们的抱怨，然后递给他们每人一支铅笔和一张纸，说道：“我听得出来，你们俩之间存在着很多问题，搞得你们不胜其烦，气愤难平。我希望你们把这些事情全都用纸笔写下来，务必要按照重要程度来给它们编号排序。”

他们俩听话照做了。俩人坐在厨房餐桌旁，怒气冲冲地开始奋笔疾书，我则离开厨房，把时间留给他们自己。大约 10 分钟后，当我返回时，我看到女儿已经列出了七条对儿子的控诉，儿子也列出了四条意见，他们俩还在继续往下补充。我走进书房，在自己的电脑上完成一份报告。

第二天早上，就在我准备出门上班的时候，我听到家里出现了一阵奇怪的声音——笑声，还有人大声喊着什么数字。

“二！”

“哈，还有七！”

“别忘了三！”

接着又是一阵笑声。

最后，我明白过来，这些数字代表着他们写下的那一条条指控。大多数人并不会用这样的方式进行沟通，但对于这两个家伙来说，这种做法为他们之间的冷战带来了第一次突破。

重复，然后清除

从这些研讨课程中，我所得到的最大收获就是，当孩子们打架的时候，我们并不用非得站在某一方。不过，对于你们的建议——只用站在那儿重复双方努力想要表达的主旨，我还是怀有很强的疑虑。上周，我终于有机会亲身一探究竟。下面就是实际发生的情况：

出门上班前，我的梳洗打扮才进行到一半，突然听到女儿的卧室里传来了尖叫的声音。我冲了进去，看到他们俩正互相推搡着对方。

我：住手！小家伙们，你们俩生好大的气啊！

卡罗尔(12岁)：她不让我穿袜子！

我：艾米，卡罗尔说你不让她穿袜子。

艾米(10岁)：没错，就是这样！我正往外拿我的紧身衣呢，她却把抽屉给关上了，差点没夹断我的手。

我：卡罗尔，艾米说她拿东西的时候你却把抽屉给合上了。

卡罗尔：要不然我怎么拿我的袜子呢？再说了，明明是我的抽屉先打开的。

我：艾米，卡罗尔说是她的抽屉先打开的。

艾米：是，她的抽屉是打开的，但当时她不在那儿啊。我还应该怎么办？在旁边傻站着，一直等到尊贵的卡罗尔殿下回来吗？

重复每个人对对方说的话——做这事儿其实并不那么容易，有时候还会感觉混乱不已。我甚至不能确定自己是否理解她们说的究竟是什么。然后，我想起了《释放家长 释放孩子》那本书中那个关于“清除”的故事。

我：当我和别人像现在这样纠缠成一团，根本没有希望把事情彻底理清的时候，你们知道我会怎么做吗？我会把整件事情清除得干干净净，然后彻底从头开始。（我在墙上做了一个抹去痕迹表示清除的动作。）好了，一切都清除干净了，你们可以从头开始了。我走了，祝你们好运。

我离开房间，关上了门。我必须得承认，其实我一直在外面晃来晃去偷听。下面就是我听到的内容：

卡罗尔：好吧，艾米，现在你说：“亲爱的卡罗尔，你是想从这个打开的抽屉里拿袜子吗？”然后我就会说：“没关系，好妹妹，你先拿你的紧身衣好啦。”

艾米：哎哟我的老姐，别磨蹭啦，快把我的紧身衣给我，我上学都要迟到啦。

情况就是这样，一场争执就这么结束了。

我的愿望是——她们能够记住这个“清除”的理念，并在我不在场的时候加以运用。

情绪盒

我明白，我那年龄都在10岁的儿子和继子之所以关系不和睦，原因之一就是他们对彼此的情绪如何并不敏感，经常看不出个眉眼高低来。如果一个孩子脾气暴躁，此时另一个却会兴高采烈。当一个人想安静独处的时候，另一个却想蹦跳玩耍。我常常看到战争的阴云已经降临，他们俩却谁也看不出彼此的心里所想。我在家的时候，我还能够帮助他们了解彼此的心思，如果我不在场，没有人给他们充当彼此的翻译官，又该怎么办呢？

后来，我想起来曾经在《解放家长 解放孩子》一书中读到过一个孩子制作情绪盒的故事。我决定，拿建筑用纸和胶带给两个儿子每人制作一个六面体的情绪盒，盒子的六个面上每一面都是一种不同的颜色，不同的颜色则代表着不同的情绪。当孩子们看到我所做的事情，他们也萌生了兴趣，并且帮着我一块儿确定色基。下面就是他们所确定的色彩安排：

灰色 = 疲惫

蓝色 = 失望

红色 = 愤怒

黑色 = 不快

黄色 = 快乐

绿色 = 不错

我们的计划是，通过显示出来的色彩面，来让其他家庭成员了解“你现在情绪如何”。

截至目前，孩子们一直在用这个法子。一天，本回到家里，看起来相当震惊的样子。他说："布莱恩的盒子现在是黑的！发生什么啦？我解释给他听，说布莱恩这一天在少年棒球联盟过得很糟。在那之后，我注意到，本努力让自己做到对布莱恩无比和善。

还有一次，布莱恩走进厨房说："啊哈，我觉得现在最好不要去跟本借他的棒球手套，他的盒子现在是红的呢。"就是这两个小小的盒子，却给我两个儿子的生活带来了极大的改变。实际上，它给我们全家人都带来了帮助——包括我丈夫在内——每个人都变得更加善解人意，彼此也都更加体贴。

Ⅲ.更多增进兄弟姐妹间美好感觉的方法

在《如何说 孩子才能和平相处》这本书出版后，除了开办多次研讨会外，我们的脑海中也冒出了许许多多新的想法，同时，对于过去的一些理念，也有了更透彻的理解以及全新的构思。了解下面这些内容，我们认为对于所有的家长来说都是非常重要的：

1.确保每个孩子每周都能有几次与你们单独相处的时间。

在当今这样一个仓促繁忙、冷淡疏远的世界里，一定的单独相处的时间是必不可少的。能够与父母一起享受私密时刻的温暖与亲昵，对于孩子来说，是促进健康成长所不可或缺的重要因素。一对一的联系使孩子们获得情感上的滋养，促使他们变得更富爱心，至少让他们能够对自己的兄弟姐妹多些宽容。如果强尼知道你们能够安排出一定的时间，“只有你们”倾听“他一人”的心声，他应该就不会采取和妹妹打架的方式来引起你们的注意了。

一旦你为“只有你们俩”的沟通找好了时间，就一定要实践自己的诺言，珍视这个机会。千万不要让一个来电破坏了你们的情绪气氛。“你好！琼斯先生，我15分钟后给您打过来好吗？现在，我正和强尼在一起呢。”——这样的一番话，孩子会一直记在心里的。在与你度过了这样一段专属他的时间之后，强尼很可能会更乐意以宽厚大方的态度来对待自己的兄弟姐妹。更重要的

是，他对自身的价值也会有更多的关注和更深的认识。一位母亲告诉我们：

上一周，我从研讨班下课回到家，决定对我的二儿子凯文做点什么。他有点像两块饼干中间的那层夹心，典型的一个夹缝小孩，位置不上不下的。在回去后的第二天早上，我问他是否愿意陪我一起去办一些杂事，他看起来很乐意跟着我一块儿。我们在车里一路聊天，当时我觉得万事都很顺利，不料凯文却突然抛出了一记重磅炸弹。他说："我真希望我不是我。我希望我是罗伯特或者大卫。"

我不知道该说些什么，于是我问他："你怎么会这么想呢？"

他答："罗伯特想做什么都能去做，每个人对大卫都特别喜欢。"

我告诉他，他不应该这么想，接着我又停住了嘴。我说："嗯，也许你想变成大卫或罗伯特，但我对这念头可一点都不喜欢。"

他说："为什么不喜欢呢？"

我说："因为你非常特别，如果你变成了家中其他的谁谁谁，我就不再有你这个特别的孩子啰……那样我就不再拥有我的凯文了，我非得难受死不可呐！"

你们知道他做了什么吗？他伸手过来，在我的肩膀上拍了拍。

后来，我告诉自己，只是这样陪他一个下午是远远不够的。凯文需要我陪他更多的时间，也需要他的爸爸能陪他更多时间。他需要我们俩人一起，凭着关爱，陪他一起重新找回那份重要的自我认同感。

2.和某个孩子独处的时候,不要谈及其他的孩子。

和玛丽一起外出购物的时候,一定要将关注的焦点放在玛丽身上。千万不要说什么,“看看这件蓝色毛衣,要是你妹妹穿上,配上她那双蓝眼睛,一定很漂亮!”或者是“哦,黛比一定会喜欢这颗史努比扣子的!咱们买下来给她收藏吧。”

这位家长的本心并无恶意。她可能还觉得自己是在鼓励孩子们要彼此关照,互相体贴呢。但是,玛丽很有可能会这么想:“就算黛比现在不在这儿,她还是把妈妈从我这里抢走了,她占据了妈妈的心。”

3.不要为了补偿不太受宠的孩子而隐瞒你对“受宠的孩子”的喜爱或关注。

有些家长会承认他们对某个孩子格外偏爱,并因此心怀歉疚。这样,有时会让他们走上另一个极端。他们往往会误入歧途,努力要做到事事平均,对那些不是特别受宠的孩子会给予夸大其词的表扬或关注,对他们真心偏爱的那个孩子,却会越发冷淡疏远。这种突然的转变只会给两个孩子都带来困惑与伤害。一个孩子会想:“怎么回事儿这是?我做了什么?父母不再爱我了。”另一个孩子则会想:“有点不对劲……有些事情不太真实。”

对于每个孩子来说,他们需要从家长那里获得的一切就是针对他自己的完整、真实的认可。

4.不要把孩子锁定在他们在家庭排行中的固定位置(最大的那个、中间的那个、最小的那个)。让每个孩子都能够有机会体验其他孩子所享有的特权与责任。

子女间之所以会形成怨恨气恼的关系,部分原因就在于,家长总会要求孩子们保持自己在家中的固定位置上不动。我们不可能把孩子们在家中的排行次序来个乾坤大挪移,不过,我们也

犯不上非得把他们按在各自出生顺序排定的座次上永远不变。下面就是我们的研讨班里一些家长自述的情形：

我的女儿(9岁和5岁)可以说是两类孩子的典型，老大超级严肃认真，老小则幼稚充满了孩子气。这个星期六，我做了一些自己以前从未做过的事情。我给我姐姐打了电话，叫她和我一起做些改变。我告诉她，如果她愿意把我9岁的大女儿带走一下午，让她和十几岁的表哥表姐们一起玩儿，我就可以把她2岁的宝宝带到我这里来。

结果，我的两个女儿都得到了一番十分美妙的体验。整个下午，5岁的小女儿都忙着在两岁的表妹面前扮演“大姐姐”的角色，好像自己是个非常重要、成熟的小大人。另一方面，9岁的大女儿回家的时候兴高采烈，激动不已地给我们讲述表哥表姐们对她是多么多么的友好。他们拿出一些旧的假首饰打扮她，抖开她的头发给她梳蓬松，还教她跳玛卡蕾娜舞。被人们宠爱体贴、成为大家关注中心的感觉令她非常享受。

自从我的第二个孩子降生，我的大女儿就一直要求自己装成“小宝宝”，我并没有阻止她这个念头。我只是觉得有点奇怪，一个4岁大的孩子还整天想抱着个奶瓶。不过最近，我对她这样的要求做出了配合。我给她买了个玩具奶瓶，把里面灌满水，然后对她说：“小宝宝，你现在想喝奶吗？好啦，你的奶瓶来啦。”一旦我问她：“你想当小宝宝还是我来当呀？”我们就会互换角色，给对方喂奶。她对这个游戏乐此不疲，有那么一个礼拜恨不得天天都来这么一出。后来有一天，我们还在玩儿这个“婴儿游戏”的时候，她终于放下了奶瓶说：“现在咱们来玩儿打扮漂漂吧。”

一天晚饭前，我跟10岁的女儿说让她不要干扰我布置餐桌，只用轻轻松松看她的书就好了。接着，我让6岁的儿子帮我把各样杂货都挪开，然后摆好餐具。他听了兴奋不已，觉得自己好像是个重要的大人物似的。我的大女儿也因为自己不用帮我围着餐桌干活而感到无比高兴。

5.不要纠结于非得“在一起”。

一家人快快活活外出游玩的画面总是很吸引人的。但对于有些孩子来说，必须要和某个兄弟姐妹一起共度一段漫长时间的压力，可能会让他们之间本来已经相当紧张的关系更是雪上加霜。(更不要说孩子们吵个不停会给家长们的神经带来多大的冲击了。)

一家子想在动物园过上美妙的一天，而实情却是：小家伙总像小尾巴一样跟着大些的孩子，哥哥一边在前头领路，一边数落着小家伙“慢吞吞”。(开始抹眼泪儿了。)小家伙想停下来吃东西，哥哥根本还没觉得饿呢。双方都因此而抱怨不停。“为什么老是他想做什么，我们就得跟着他做呢？”(开始打架。)哥哥想去看蛇，而小的那个却怕蛇。(又开始打，跟着哭。)小的那个突然一下子就累了，想马上回家，这时候哥哥气疯了，他连蛇还没看呢。(继续不停地打，哭得更凶了。)

我们的建议是，如果孩子们正处于一段彼此持续恼怒的时期，家长们不必非得指定他们“在一起”。否则只可能让他们更加走上分道扬镳的道路。

我们可以换个思路，考虑一下采用不同种类的大人+小孩组合，效果会不错呢：

爸爸带一个孩子出去的时候，妈妈可以留在家里陪另外一个。

妈妈带一个孩子出去的时候，爸爸则可以留在家里陪另一个。

全家人一块儿出发去动物园，然后分头各自行动，午饭时再碰头。

大家做的每一件事情都应该旨在让每个人能更自如地呼吸，能有更大的自由空间。

让每个孩子都知道他的兄弟姐妹喜欢或是看重他身上的哪一点。

在很多情况下，两个孩子都会像不共戴天的死敌一样彼此相待，因为他们根本没有注意到彼此之间潜藏的那些互相看重及喜爱的感觉。了解兄弟姐妹对彼此的善意感受能够给孩子们之间的关系带来戏剧性的转变。我们研讨班中的一位父亲就跟我们分享了下面这份童年经历：

> 我妹妹们跟我一直彼此仇视，斗个不停。对于我们双方来说，这样的状态都是非常令人不快的，或许我们的父母会更加难受。他们是如何让这种仇视的感觉消散的呢？他们又是怎么阻止我打骂我的小妹妹的呢？他们对我说："斯科特，听着，你应该知道，你的妹妹们非常钦佩你，喜欢你。她们相当看重你，所有总是试图通过自己的所作所为来给你留下深刻印象。"现在，回想一下那时的情形。有一次我又要打我妹妹的时候，我想了一下，"嗯，没准爸妈的话是对的。"这样一想，我也冷静了下来。不管怎样，我管住了自己，没有动手。
>
> 直到我长大之后，和我哥哥展开了一次交心的彻夜长谈，我方才明白过来，如果我们在孩童时代就能真正了解自身对彼此的感受，那么，对于我们双方来说，无数的痛苦本

来可以不必发生。因为他是我的哥哥，在我眼中，他就好似神明一般——英俊、人缘好，还是个天分极高的音乐家。我始终搞不懂为什么他总是对我如此残忍吝啬。我确定，出现这样的局面肯定是因为他讨厌我。正因如此，尽管我如此崇拜他，我还是用尽了全身的每一丝力气和他拼个你死我活。我觉得自己应该竭尽全力对他实行报复——在他伤害到我之前先伤害他。

但是从哥哥的口中，我却听到了一个完全不同的故事。他说他总觉得我样样出色——长相标致又机灵活泼，他对我的读书成绩也充满敬意，却为自己的成绩不佳感到羞愧难当，觉得自己能力不足。于是他就用自己懂得的唯一方式来报复我——不断地激怒我，对我恶语相向。反过来，我又通过自己的灵活头脑和挖苦讽刺将他打得一败涂地来作为报复。如果我们俩有谁能注意到我们对彼此的那份喜爱与敬重之情，对我们双方都会是一种巨大的帮助。

当我把这一切告诉我母亲时，她拼命为自己辩驳，对我说："为什么我非得告诉你们对方心里是怎么想的？在我看来，其实你们心底里互爱互敬，那是再清楚不过的了。"

但这一切其实我们自己根本不知道啊。

6.安排家庭会议。

没有定期加油和保养，别指望你的车能跑起来。同样，没有定期的检查反思，我们也不能期待自己的家庭能无比顺畅地运转前行。只要参与体验过家庭会议，父母和子女们就会对它抱有极大的热情与肯定。一位十几岁的少年对我们说："家庭会议是一种确保我们之间绝不会出现紧张局面的方式。我们围坐在一

起，讨论各种家庭活动、家务杂事、谁应该干什么、谁想要得到什么，谁又因为什么烦心。"他的妈妈还补充道，"利用这段时间，我们每个人可以发挥创意，思考一下我们自己的需求，思考一下我们怎样才能彼此扶持，相敬相爱。"

有这样一个家庭，家里的父亲最近每次开车出门的时候，都因为后座上孩子们不停地喊叫、吵闹而搞得心情无比烦躁。他向我们征求建议，如何才能在确保行车安全的同时还让每个人都开心满意。大家的建议是：带上几本书，玩玩游戏，讲讲笑话，出个谜语，高声欢唱。但是，最好的方法还是要在家庭中渐渐让问题得到解决，减少父亲在行车中的压力。

在另外一个家庭里，养着6个孩子，经济状况并不宽裕，于是孩子们决定在某人过生日的当天帮助他/她做家务，以此作为彼此送出的生日礼物。

一位母亲最近写信给我们，讲述了她家举办第一次家庭会议的情形。她如此写道：

我希望会议能够乐趣多多，于是我给6岁和7岁的女儿分别写了一张邀请函：

家庭会议

地点：餐厅饭桌

时间：星期五晚上六点半

服装：休闲

我们需要你来参加！

从女儿那里得来的回复并不是很鼓舞人心。她们说，"哦，我不打算参加。""我们要谈些什么呀？""会议是什么？""怎样才能穿得休闲？""我打算在咱们的家庭会议上提出来。”

终于到了家庭会议这一天。父亲坚持要在起居室里召开这次会议，因为那里更舒服一些。我的开场话题是关于发生火灾时候的逃生路线，我们对所有需要准备的预防措施都展开了讨论。在那之后，我们又谈论了大家关心的各种各样的家庭问题：上学的日子里早上谁遛狗，还有周末租哪部电影回家来看。然后，又出现了片刻的沉默。我们7岁的女儿说：“你瞧，我觉得这一家子真不错。我很高兴是这里的一分子。”我们6岁的女儿也插嘴：“我也是。我喜欢咱们家。”

这样的情形搞得我眼眶湿湿的。像家庭会议这样一件简单的事情居然能产生如此惊人的效果！而这一切只花了15分钟的时间。那天晚上，我们全家人都感到了一种无比的亲近。

结　论

我们希望这些新的章节能为你们带来些许帮助。尽管这些内容告诉我们，子女关系可以通过成人富有技巧地介入而得到改善，有时候还可能是戏剧性的改变，但是，还是应该牢记一点——并非我们所有的介入行为都能发挥出完美或恒久的效果。

子女关系是动态的，时时变化的，并且总在不断地发展中。在他们人生的不同时期，兄弟姐妹或许彼此分开，或许亲密扎堆。作为父母，我们不可能在子女之间强制安排一种固定、亲密、充满关爱的关系。但是，配合技巧与善念，我们能够做的就是移除那些有害子女和谐关系的常见障碍。这样，当我们的孩子准备好奔向彼此时，他们面前将是一片坦途。

我们面临的挑战相当艰难，但也只是艰难，并非不可能实现。我们应该正视自己的感受，帮助我们的孩子也去正视他们自己的感受，梳理出因为子女争宠而滋生的各种痛苦、愤怒、困惑的情绪，并对它们加以利用。没错，我们可以利用它们，帮助孩子们成长为善解人意、明察秋毫、心怀关爱的个体。同时，更能利用它们来学习如何求同存异，快乐生活。

家庭是我们学习关系技巧的场所。我们与孩子的相处方式、教育他们如何彼此相处的方式，乃至教导他们在水深火热的关系中如何相处的方式，都将成为我们对他们一份永远的宝贵馈赠。

毕竟，我们都是兄弟姐妹

阿黛尔·法伯 伊莱恩·玛兹丽施

妈妈……爸爸……孩子
一个亲密无间的小世界
精心地养育，茁壮地成长
憧憬未来，梦想成真。
我们被爱所环绕。

为什么要破坏它？
为什么又要一个小孩？
（或者两个、三个、甚至更多）
因为只有这样，才能让我们的爱更宽广，
更温暖，更喜乐。

兄弟姐妹一起欢笑，彼此相爱
他们的童年充满了幸福的点点滴滴
他们是知己，是朋友，
在冷漠无情的世界里，
他们是坚强团结的后盾，
我们不在的时候，他们仍然在一起.
多么和谐甜美的场景！

你将会见到，你将会爱这个宝贝。

TA *也会成为你的宝贝。*

不！

就在这儿！

出生了。

这个陌生人是谁？

什么是“兄弟”？

什么是“姐妹”？

强盗

抢走我们俩的时间

小偷

偷走妈妈的臂膀和膝盖

盗贼

盗走歌曲、故事和微笑，独自享用

走开，陌生人。

走丢了，再也别找回来。

永永远远！

但是，如果必须留下来，该怎么办？

只能这样了！

尿湿你的床

吮吸你的拇指

哭,哭,哭

或者

打TA,亲TA,咬TA,嘲弄TA,和TA玩。

和TA玩?

藏猫猫

捏泥巴

荡秋千

拉大车

轮到我了,哭鼻子大王。

妈妈又有了?

再不要了!

为什么?

现在我们人太少了。

好吧……我们一起玩。

摔跤、打滚

捉迷藏

骑车俯冲

我赢了!

弹球

跳棋

挑木棍

疯狂八分…… 拉米牌……打仗

骗子！撒谎！别在我房间，出去！

我们一起去海边
一起到冰场溜冰
一起去逛街
我们正在联欢
不，你不能来。我的朋友们不想让你来。
他什么时候长得比我高了？
她什么时候比我乖了？
他这么聪明，妈妈最喜欢他。
她这么贴心，是爸爸的小心肝。
他们都太恶心！

可是
你告诉她的秘密，
她从不会说出去。
还有，他帮助你学数学
还有，爸爸对你大喊的时候，她为你说情
还有，如果你细心的话，他会把自己的相机借给你。
还有，你提建议的时候，她会认真聆听
还有，你在路上受欺负的时候，他会挺身而出保护你。

如今，各奔东西
忙碌奔波
上了不同的学校，踏上各自的路途
时而有一封来信，
时而打一个电话。

假期回家，
有拥抱，有欢笑
你看上去太棒了！
你什么时候剪的头发？
你什么时候长出了胡子？
餐桌好漂亮。
每样东西闻起来真香。
回家，终于回家了。
每个人坐在自己的专座上。

你吃东西还是像一头猪……
开个玩笑。
你的样子还是像个傻子……
开个玩笑。

孩子们，孩子们！
你数学不及格，难怪呢！.
你觉得你了解我，对吗？
他只是在炫耀，
一贯如此。

好了，孩子们！够了！

每个在座的都已经判若两人，
一个是如今的成人，
一个是从前的孩子
却总是脱离不了过去的印象。

什么时候我们才能以彼此期待的方式看待？

对不起，如果说我伤害了你，
我觉得你过去也总是……
但是，那是因为你过去也总是……
我从来没有那么做。
你也那么做。
好了，如果我那么做，也是因为我觉得……
我以前不知道。
那你现在知道了。
哦，好吧。

终于长大成人了！
不再对抗，不需竞争。
有了我们自己的家庭
有了我们自己的工作
有了我们自己的所爱
我的兄弟，当了老师，挣钱不是太多，
我的姐妹，做了护士，生了很多孩子。
我的孩子比她的聪明。
我的房子比他的宽敞。

我们怎么照顾妈妈？
不能把她放在疗养院
她永远不会去。
我也从来不会让她去。
也许你可以照顾她。

为什么是我?

她最喜欢你。

我夏天照顾她一个月了。

可是,是我每天都去看望她

我们的孩子长大了,

我们的父母离开了。

我们仍然是

我的兄弟,我的姐妹,我自己

好奇怪,

他转动花白的头,大笑

仿佛还是当年那个小男孩

她挥舞布满皱纹的手,

好像还是昔日那个小女孩。

你还记得当年……

哦,记得,记得!你还记得那时候……

我的兄弟,我的姐妹,我自己,

你去看医生了?

他怎么说?

又诊断出来?

有需要,随时联系我。

如今,我们彼此安慰

珍藏过去的记忆

留住彼此的青春和昨天
我们有共同的往昔,我们是亲密的战友。

没有人在乎
谁更好
谁更差
谁多了
谁少了
血浓于水
毕竟,
我们都是兄弟姐妹

选自《兄弟姐妹之间》

其他有益的补充读物

劳伦斯·巴尔特（Lawrence Balter）与安妮塔·施里夫(Anita Shreve)合著的《巴尔特博士的儿童理念:理解并处理婴儿与小童的常见问题》(*Dr. Balter's Child Sense: Understanding and Handling the Common Problems of Infancy and Early Childhood*),纽约波塞冬出版公司(Poseidon Press)1985年出版。专为家有年幼子女的父母撰写的一部温馨、轻柔的作品,提供实用的建议安抚孩子,帮助他们战胜因"新生儿"出现而产生的心理障碍。

斯蒂芬·P·班克（Stephen P. Bank）与迈克尔·D·卡恩(Michael D. Kahn）合著的《子女粘合剂》(*The Sibling Bond*),纽约基础图书公司(Basic Books)1982年出版。本书精彩揭示各种不同类型的子女关系以及兄弟姐妹对彼此生活带来的惊人影响。

多萝西·沃尔特·巴鲁克(Dorothy Walter Baruch)所著的《完美修养新方法》(*New Ways in Discipline*),纽约麦格罗—希尔出版公司(McGraw-Hill)1949年出版。极富开拓性的一本书,内含各种创意点子,帮助孩子们来应对他们对自己兄弟姐妹产生的那些"厌恶愤怒"的感受。

阿黛尔·法伯与伊莱恩·玛兹丽施合著的《解放父母 解放孩子》(*Liberated Parents, Liberated Children*),纽约埃文出版公司(Avon)1975年出版。这是两位作者早年间参与海姆·吉诺特博

士开办的研讨班经历的私人记录，书中给出了很多处理子女间棘手问题的范例。

阿黛尔·法伯与伊莱恩·玛兹丽施合著的《如何说孩子才会听 怎么听孩子才肯说》，纽约埃文出版公司（Avon）1982年出版。

出于两方面原因推荐此书：

1. 爸爸妈妈对孩子说出怎样的言语，带来的直接结果就是子女们可能会对彼此使用一些“专横”或具有伤害性的语言。《如何说……》系列图书为我们提供了一种谦恭有礼的沟通模式，大多数的家长都会乐于听到自己的孩子在彼此交谈时运用这样的方式。

2. 自我评价较好的孩子们往往不太可能对他们的兄弟姐妹发起攻击，更可能会给他们提供帮助。《如何说……》一书当中所有的技巧都能够帮助我们的孩子打造自尊自信。

海姆·吉诺特所著的《孩子，把你的手给我》（*Between Parent and Child*），纽约麦克—米兰出版公司（Mac-Millan）1965年出版。本书专有一章内容清晰讲述了孩子之间嫉妒心的起源，以及促进这种感觉的种种心态和应对的办法。同时还有一部分精彩描述涉及的是，因为子女争宠问题严重而需要进行心理治疗的孩子们的情况。

阿尔菲·科恩（Alfie Kohn）所著的《取消竞争》（*No Contest: The Case Against Competion*），纽约霍顿·米夫林出版公司（Houghton Mifflin）1986年出版。一部振奋人心的作品，针对我们的文化中关于竞争价值的那些广为接受的信念所面临的种种挑战进行了细致研究。

迈亚·唐纳德·J.（Meyer, Donald J.）和派翠克·F. 万德斯

(Patricia F. Vadasy)所著的《亲属之家:为特殊需要的兄弟姐妹开办的研讨会》(*Sibshops: Workshops for Siblings of Children with Special Needs*),马里兰州巴尔的摩市的保罗·H. 布鲁克斯出版公司(Paul H. Brooks Publishing Company)2000 年出版。用创新的方法来安慰和激励有特殊需要的兄弟姐妹。

特里·奥立克(Terry Orlick)所著的《促进合作的运动游戏之书》(*The Cooperative Sports and Games Book*),纽约万神殿书局(Pantheon Books)1978 年出版。

特里·奥立克所著的《合作致胜——合作取代竞争》(*Winning Through Cooperation—Competitive Insanity: Cooperative Alternatives*),华盛顿特区霍金斯联合出版公司(Hawkins and Assoc.)1977 年出版。

特里·奥立克与博特里尔(Botterill)合著的《每个孩子都能赢》(*Every Kid Can Win*),芝加哥尼尔森—霍尔出版公司(Nelson-Hall)1975 年出版。(奥立克博士的全部著作均可自加拿大教练协会(Coach Association of Canada)处获得,该机构地址 333 River Road, Ottawa, Ontario, Canada K1L 8B9)。 竞争性的游戏可能是造成子女压力的一个主要原因。孩子们与家人一同参与到合作性的游戏当中,将为他们打开一个充满自信感觉与团队精神的全新世界。

西摩尔·V·雷特 (Seymour V. Reit) 所著的《子女争宠》(*Sibling Rivalry*)。班克街儿童发展教育学院(Bank Street College of Education Child Development)系列丛书,纽约巴兰坦出版公司(Ballantine)1985 年出版。一部着眼于子女争宠而引发的问题的

图书，配合一些关于应对措施的合理建议。对于双胞胎和继子女面临的一些特殊问题有精彩描述。

斯达克·维克(Stark, Vikki)所著的《我的姐妹，我自己》(*My Sister, Myself*)，纽约麦克格瑞·希尔(McGraw-Hill)2007年出版。关于姐妹之间如何对彼此生活产生深刻影响的一项有趣研究。

深入研究

如果您有兴趣与他人一同将本书当中的各种技巧与理念加以实践并深入钻研，可以来函索取由阿黛尔·法伯与伊莱恩·玛兹丽施举办的第六期“和平相处研讨班”相关资料。资料中包含主讲人指南、父母工作簿、角色扮演资料以及作者主办每一期研讨班的录音磁带。如欲获取额外详细资料，敬请发送注明详细回邮地址且邮资已付的大号长信封至：

纽约艾伯森64号邮政信箱

（邮政编码11507）

法伯/玛兹丽施研讨班LLC

（P.O. Box 64 Albertson, New York 11507）

图书在版编目（CIP）数据

如何说孩子才能和平相处 /（美）法伯，（美）玛兹丽施著；（美）蔻绘；王欧娅译. — 重庆：重庆出版社，2016.4
ISBN 978-7-229-10975-2

Ⅰ. ①如… Ⅱ. ①法… ②玛… ③蔻… ④王…
Ⅲ. ①儿童教育—家庭教育 Ⅳ. ①G78

中国版本图书馆CIP数据核字（2016）第023919号

版贸核渝字（2015）第326号

如何说孩子才能和平相处
RUHESHUO HAIZI CAINENG HEPING XIANGCHU
[美] 阿黛尔·法伯　伊莱恩·玛兹丽施 著
[美] 肯伯利·安·蔻 插图　王欧娅 译

责任编辑：孙　曙　叶　子
封面设计：田　晗

重庆出版集团
重 庆 出 版 社　**出版**
重庆市南岸区南滨路162号1幢　邮政编码：400061　http://www.cqcb.com
北京中科印刷有限公司　印刷

开本：889mm × 1194mm　1/32　印张：9　字数：200千
2016年4月第1版　2021年6月第8次印刷
ISBN 978-7-229-10975-2
定价：36.80元